ABHANDLUNGEN

AUS DEM

STAATSWISSENSCHAFTLICHEN SEMINAR

ZU

STRASSBURG i. E.

HERAUSGEGEBEN

VON

G. F. KNAPP UND W. WITTICH.

HEFT XXVII.

EMIL FRAUZ:

DIE VERFASSUNG DER STAATLICHEN ZAHLUNGSMITTEL ITALIENS SEIT 1861.

STRASSBURG

VERLAG VON KARL J. TRÜBNER

1911

DIE VERFASSUNG DER STAATLICHEN ZAHLUNGSMITTEL ITALIENS SEIT 1861.

VON

EMIL FRAUZ.

DR. RER. POLIT.

STRASSBURG

VERLAG VON KARL J. TRÜBNER

1911

M. DuMont Schauberg, Straßburg.

Meinen Eltern.

Vorliegende Arbeit entstand in den Jahren 1907/8 im nationalökonomisch-statistischen Seminar der Professoren G. F. Knapp und W. Wittich zu Straßburg i. E.; die Fertigstellung erfuhr jedoch durch anderweitige berufliche Tätigkeit eine unliebsame Verzögerung. Zur Benutzung kam lediglich amtliches Material, für dessen Zugänglichmachung ich mehreren Bibliotheksverwaltungen in Norditalien zu Dank verpflichtet bin. Besonderen Dank schulde ich jedoch meinem hochverehrten Lehrer Professor Dr. G. F. Knapp für das dieser Arbeit entgegengebrachte Interesse.

INHALT.

Seite

Vierter Teil.

MODERNE WÄHRUNGSPOLITIK SEIT 1894.

Quellen und Literatur:

Raccolta Ufficiale delle Leggi e dei Decreti del Regno d'Italia 1861—1908.
Raccolta degli Atti stampati per ordine della camera.
Relazione della Commissione Parlamentare D'Inchiesta sul Corso Forzoso Dei Biglietti di Banca.
Minghetti e Finali, Relazione sulla Circolazione Cartacea.
Ferraris, C. F. Moneta e corso forzoso.
Ferraris, C. F. L'abolizione del corso forzoso in den ital.-juristischen Jahrbüchern 1883 Bd. 4.
S. Cognetti de Martiis, Il nuovo patto della Unione monetaria Latina.
Protokolle der Verhandlungen des lateinischen Münzbundes.
Verschiedene Aufsätze von Emilio de Laveleye, Vito Cusumano, Luigi Rameri, L. Sbrojavacca, L. Luzzatti und Fr. Ferrara in der Nuova Antologia und im Giornale degli Economisti.
Economiste français 1881, 1882, 1883.
G. F. Knapp, Staatliche Theorie des Geldes.

EINLEITUNG.

Von grundlegender Bedeutung für die Darstellung einer Geldverfassung ist die Auffassung vom Wesen des Geldes. Wem die rein merkantile Eigenschaft des Geldes als Ware und die Bewertung des Geldstückes nach der Menge des durch dasselbe verkörperten Metalles gleichbedeutend sind mit dem Wesen des Geldes, der ist in der Lage, Geldsysteme, die sich aus eine bestimmte Metallmenge darstellenden Geldstücken zusammensetzen, mittels der Wage und der bekannten Formel von Angebot und Nachfrage in einfacher und dem natürlichen Empfinden naheliegender Weise zu erläutern — so lange die als „Geld“ benutzten Stücke auch außerhalb ihrer Verwendung als Zahlungsmittel reale Befriedigung gewähren, ein Gut im wirtschaftlichen Sinne darstellen. In dem Augenblicke aber, in dem in einer so beschaffenen Geldverfassung aus irgend welchen Gründen ein gesetzliches Zahlungsmittel auftaucht, das außerhalb seiner Verwendung als Zahlungsmittel keine reale Befriedigung mehr ermöglicht — wir erwähnen das bekannteste Beispiel, die papyroplatische, uneinlösbare Note — muß jene Auffassung vom Gelde völlig versagen, denn die Note lautet auf Werteinheiten und die bisherige Definition der Werteinheit durch Angabe einer Metallmenge trifft offensichtlich nicht mehr zu. Die Tatsache aber, daß es Geldverfassungen gibt (Österreich, Italien), in denen die uneinlösbare Note jahrzehntelang das einzige im Lande umlaufende Geld überhaupt war und als Währungsgeld noch heute allein in Betracht kommt, wird vom Metallisten als eine höchst bedauerliche Entgleisung der betreffenden Geldverfassung — weil nicht seiner Theorie entsprechend — bezeichnet, d. h. die metallistische Theorie des Geldes ist nicht in der Lage, diesen Erscheinungen der Wirklichkeit gerecht zu werden.

Wer dagegen im Sinne der „staatlichen Theorie des Geldes“ im Gelde ein „Geschöpf der Rechtspolitik“ des Staates sieht, dem bietet das Verständnis und die Stellung auch der uneinlösbaren Note im Geldwesen keine Schwierigkeiten. Innerhalb der Machtgrenzen eines Staates ist dessen Geld eben keine Ware, deren Bewertung dem freien Ermessen privater Interessenkreise überlassen bleibt, sondern der Staat wählt gewisse bestimmte Zeichen tragende, geformte Stücke und befiehlt kraft seiner Staatsgewalt die Verwendung dieser in der Rechtsordnung genau beschriebenen Stücke als Zahlungsmittel, nach der von ihm vorgenommenen Bewertung. Diese Bewertung ist ein freier Akt der Staatsgewalt und ist grundsätzlich an keinen stofflichen Gehalt der Geldstücke gebunden. Für den innerstaatlichen Zahlungsverkehr bleibt es demnach völlig gleichgültig, ob der Staat einer in der Rechtsordnung genau beschriebenen Metallplatte oder einem solchen Stück Papier einen bestimmten Wert verleiht: Beide gelten dasselbe kraft Staatsgebot. Vom Staate aus betrachtet ist also die uneinlösbare Note kein entartetes Geld, sondern nur die einfachste von jeder Metallverwendung befreite Geldart. Wenn wir Wert darauf legen, die Verfassung der staatlichen Zahlungsmittel Italiens so darzustellen wie dieselbe war und nicht wie dieselbe nach politischen Wünschen oder theoretischen Erwägungen hätte sein sollen, müssen wir die einzelnen Zahlungsmittel vom Staate aus betrachten, da nur diese Betrachtungsweise allen Arten derselben, auch der uneinlösbaren Note, gerecht wird und damit der Wirklichkeit entspricht.

I. Teil.

DIE WÄHRUNG DES KÖNIGREICHES VON 1861 BIS 2. MAI 1866.

§ 1. DAS SYSTEM DER STAATLICHEN ZAHLUNGSMITTEL.

Eine erschöpfende Darstellung der von den Staaten und Stäätchen der Halbinsel gegen Ende des 18. Jahrhunderts geschlagenen Münzen hat rein münztechnisches Interesse; wir gehen daher im Rahmen dieser Arbeit darauf nicht ein, erwähnen vielmehr nur die für den zwischenstaatlichen Zahlungsverkehr jener Staatsgebilde und die für den Handelsverkehr mit dem Auslande wichtigen Münzen.

Für Oberitalien kamen als Werteinheit und damit als kaufmännische Rechnungseinheit in Betracht zunächst die Lira der Republik Venedig (53 centimes französischer oder 3 Groschen 2 Pfennig sächsischer Währung),[1]) dann die Lira von Mailand (ungefähr 5 Groschen); beide wurden eingeteilt in je 20 Soldi, der Soldo in 12 Denari. In diesen Werteinheiten war die Bewertung der folgenden besondere Namen tragenden Münzen ausgesprochen.

Venetianische Münzen

aus Gold: Goldtaler = 264, Osella = 88, Zecchinen = 22, Doppia = 38 und Dukaten = 14 Lire;

aus Silber: Kreuztaler = 12 Lire 8 Soldi (1 Taler 15 Gr. 4 Pf.), Justina = 11, Ducato effettivo = 8 (im Gegensatz zum

[1]) Kurse nach Fakturen sächsischer Kaufleute 1805|6.

Bankdukaten, der Werteinheit der venetianischen Staatsgirobank) und Osella = 3 Lire 18 Soldi;

aus versilbertem Kupfer (Billon): Lirazza zu 30 Soldi und Stücke zu 20, 15, 10 und 5 Soldi.

Mailänder Münzen

aus Gold: Souveräns von 9 Karat $^5/_6$ Gran Goldgehalt und Zecchinen zu 2 Karat $20^{11}/_{24}$ Gran; Bewertung je nach Gewicht;

aus Silber: 6 Liretaler und 3 Liretaler;

aus Billon: Stücke zu 20, 10 und 5 Soldi = 1, $^1/_2$ und $^1/_4$ Lira.

Im nördlichen Teil Mittelitaliens war die florentiner Lira Werteinheit = 83 centimes oder 5 Groschen 1 Pfg. Die Lira wurde eingeteilt entweder in 12 Crazie oder in 20 Soldi und der Soldo wie früher in 12 Denari.

Florentiner Münzen

aus Gold: Der Ruspone = 40 Lire und der Zecchino = 13 L 6 S 8 D;

aus Silber: Stücke zu 10 Paoli = 6 L 13 S 4 D, zu 5, 2 und 1 Paolo (3 Gr. 4 Pfg.), der Testono = 3 und der Talaro = 9 Paoli;

aus Billon: $^1/_4$ Paolo (10 sächs. Pfg.).

In der südlichen Hälfte Mittelitaliens war Rechnungsmünze der päpstliche Taler (scudo) zu 100 Baiocchi, 1 Baiocco = 5 Quatrinen.

Münzen des Kirchenstaates

aus Silber: Der Scudo romano zu 100 Baiocchi = 5,53 Francs oder 1 Reichstaler 9 Gr. 2 Pfg. sächs. Währung, halber Scudo = 50 Bai., Testone = 30 B., Papetto = 20 B., Paolo = 10, halber Paolo oder Grosso = 5 und medio Grosso = 2 $^1/_2$ Bai;

aus Gold.: Zecchinen = 2 Scudi 14 B, Doppia romana = 3 Scudi 13 B und Quatrino = 53 $^1/_2$ Baiocchi;

aus Billon: Der Carlin und Doppelcarlin = 7 $^1/_2$ und 15 Bai. und Baiochellen zu 8, 4 und 2 Bai.

Die für Unteritalien wichtige neapolitanische Werteinheit hieß Dukaten = 10 Carlin, 1 Carlin hatte 10 Gran und 1 Gran = 12 Cavalli.

Münzen Neapels

aus Silber: Dukaten = 10 Carlin = 1 Reichstaler 1 Gr. 9 Pf., entsprechend halbe Dukaten, dann Tari = 2 Carlin und Stücke zu 26 und 13 Gran;

aus Gold: Stücke zu 6 Dukaten = 60 Carlin = 6 Reichstaler 10 Gr. 6 Pfg., daneben sizilianische Goldunzen zu 30 Carlin.

Auf Sizilien wurde als Werteinheit die Unze in folgender Teilung gebraucht:

Unze	Tari	Carlini	Ponti	Grani	Piccioli
1	30	60	450	600	3600
	1	2	15	20	120
		1	7 1/2	10	60
			1	1 1/3	8
				1	6

Münzen Siziliens

Goldunze = 30 Tari = 12,80 Francs oder 3 Reichstaler 4 Gr. 8 Pfg.;

Ganze, halbe und viertels Silbertaler (Scudi) = 12, 6 und 3 Carlin; Silberstücke zu 1, 2 und 4 Tari.

Dazu kamen noch die Landesmünzen der österreichischen Lombardei, des Großherzogtums Toskana, der Herzogtümer Parma und Piacenza und Modenas und diejenigen der Republiken Genua, Lucca und San Marino.

Die mit dem Frieden zu Preßburg 1806 vorläufig abgeschlossene durch das Eingreifen Frankreichs veranlaßte Staatenbildung war zunächst ohne fördernden Einfluß auf die einzelnen Münzverfassungen geblieben. Im Gegenteil, da die cisalpine Republik, das nachherige napoleonische Königreich Italien, aus der österreichischen Lombardei und einem kleinen Teile von Piemont, aus Modena, der Republik Venedig, aus Teilen des Kirchenstaates und aus den zu Graubünden gehörenden Landschaften Veltlin, Claven und Worms zusammengestückelt worden war, herrschten hier unhaltbare Münzzustände.

Erst als Frankreich 1803 seine Münzverfassung neu ordnete und aller Welt die Vorzüge des Dezimalsystems als Kulturfortschritt erster Ordnung zur Nachahmung aufzudrängen suchte, schritten unter dem politischen Einflusse der französischen Republik, dann des napoleonischen Kaiserreiches die ganze Reihe der vom Wohlwollen des mächtigen Nachbars abhängigen Staaten nach und nach zur Ausmünzung nach dem französischen Frankensystem; zunächst die subalpine Republik und das napoleonische Königreich Italien, Modena 1808, Parma 1809 und 1825 Sardinien. Die neuen Münzen entsprachen einem dringenden Bedürfnis und vermittelten von da an den Zahlungsverkehr jener Staaten unter einander und mit dem Auslande. Von 1803 bis 1861 hatten die Münzprägungen nach dem Frankensystem an den Münzen zu Turin, Mailand, Bologna und Florenz folgenden Umfang erreicht:

Gold	246 650 407	Lire
Silber	202 602 483	„
Bronze	6 147 134	„
Zusammen	455 400 024	Lire

Die alten Landesmünzen wurden dadurch durch eine neue Landesmünze vermehrt, da von einer durchgreifenden Zurückziehung der nicht nach dem Dezimalsystem geprägten Münzen bei der alle Kräfte in Anspruch nehmenden äußeren Politik keine Rede war. 1862 waren nach den von Ferrara am 28. Juni 1867 der Deputiertenkammer vorgelegten Dokumenten noch ungefähr für 516 Millionen Lire nicht nach dem Dezimalsystem geprägter Landesmünzen im Verkehr. In ganz Italien, besonders in Süditalien, vervollständigten neben den beiden Arten von Landesmünzen französische und belgische Goldstücke die Masse der gemünzten Umlaufsmittel, dank der gewohnheitsrechtlichen Annahme unter Privaten und an den öffentlichen Kassen. Außer in der von Österreich nach dem siegreichen Kriege gegen Sardinien besetzten Lombardei waren besonders in Parma und Piacenza Kronentaler, deutsche und österreichische Vereinstaler, Silbergulden und Zwanzigkreuzerstücke in bedeutender Menge im Verkehr. Das weitere Schicksal der einzelnen Münzverfassungen war aufs engste mit dem Werdegang des italienischen Einheitsstaates verknüpft.

Nach der Verzichtleistung Österreichs auf die Lombardei mit Ausnahme der Provinzen Mantua und Venedig im Vertrag zu Zürich vom 10. November 1859 wurden die in dem abgetretenen Teil der Lombardei vorhandenen Münzen rechtlich Münzen des Königreichs Sardinien. Das gleiche Schicksal teilten zunächst die Münzen von Toskana, Parma, Modena und der Romagna auf Grund der die Einverleibung dieser Gebiete in das Königreich Victor Emanuels aussprechenden Volksabstimmungen vom 11. und 12. März 1860, dann die im Ex-Königreich Neapel, in den Marken und in Umbrien vorhandenen Münzen nach den gleichfalls die Verbindung dieser Gebiete mit Sardinien aussprechenden Volksabstimmungen vom 21. Oktober und 4. und 5. November 1860.

Die Errichtung des Königreichs Italien am 17. März 1861 verwandelte die bis jetzt noch das Gepräge der früheren Teilstaaten tragenden, rechtlich aber sardinischen Münzen, in Münzen des Einheitsstaates und stellte die Regierung vor die Lösung einer der wichtigsten Verwaltungsaufgaben, die Vereinheitlichung des Münzwesens.

Die Wahl des neuen Münzsystems bereitete keine großen Schwierigkeiten, zumal die Italien benachbarte damals mächtigste kontinentale Großmacht durchblicken ließ, daß die Ausgestaltung des italienischen Münzsystems nach dem Vorbild des ihrigen nicht ohne Einfluß auf die politischen Beziehungen der beiden Länder bleiben würde. Die Nachahmung des französischen Frankensystems war also aus rein politischen Gründen zweckmäßig — geboten aber war dieselbe aus handelspolitischen und vor allem aus finanzpolitischen Erwägungen; denn der Einheitsstaat fand leere Kassen vor, und die notwendige Erfüllung der gewaltigen wirtschaftlichen Aufgaben des jungen Staates drängte die Erkenntnis auf, daß hierzu die Steuer bzw. Kapitalkraft der vorwiegend agrarischen Bevölkerung des Landes nicht ausreichte. In der Tat war Frankreich bei Unterbringung italienischer Staatsanleihe im Ausland stets der Hauptzeichner.

Zur Ausarbeitung der auf die Münzgesetzgebung sich beziehenden Gesetzesvorschläge, der Tarife für die Münzstätten, ferner zur Überwachung der Ausführungsbestimmungen bei Prägung der Münzen wurde durch Dekret vom 9. November 1861 eine ständige Münzkommission beim Ministerium für Ackerbau, Industrie und Handel eingerichtet.

Das endgültige Programm für die Herstellung der neuen Währung wurde niedergelegt in den Dekreten vom 17. Juli und 12. Dezember 1861 und im Gesetz über die Vereinheitlichung des Münzsystems vom 24. August 1862, das wir der Kürze halber im folgenden stets als Münzgesetz anführen.

Das Dekret vom 17. Juli 1861 proklamierte als Werteinheit für das Gebiet des Königreichs die Lira italiana; 100 centesimi = 1 Lira.

Im Dekret vom 12. Dezember 1861 wurde den Münzstätten befohlen, die Metalle Gold und Silber unbeschränkt zur Ausprägung anzunehmen; dabei wurde gleichzeitig die Bewertung der Gewichtseinheit der beiden Metalle in der neuen Werteinheit ausgesprochen:

Das Kilogramm feinen Goldes zu 3444,44444 Lire
" " " Silbers " 222,2222 "

Daraus folgte als Wertverhältnis des Goldes zum Silber $15\frac{1}{2}$ zu 1.

Die Norm, nach der die frei ausprägbaren Metalle Gold und Silber in Geld zu verwandeln waren, lautete also, wenn Goldgeld hergestellt werden sollte: jede Lira muß auf $\frac{1}{3444,44444}$ kg feinen Goldes hergestellt werden; wenn Silbergeld hergestellt werden sollte: jede Lira muß auf $\frac{1}{222,2222}$ kg feinen Silbers hergestellt werden.

Für die Verwandlung der Gewichtseinheiten der beiden Metalle in die entsprechende Anzahl von Werteinheiten in Form von Münzen waren die Münzstätten berechtigt, folgenden Betrag als Schlagschatz in Abzug zu bringen: bei jedem Kilogramm feinen Goldes 7,4444 Lire, bei jedem Kilogramm feinen Silbers 1,7222 Lire, so daß der gesetzlich festgelegte Ankaufspreis und damit die untere Preisgrenze 3437 Lire für 1 kg feinen Goldes und 220,5 Lire für 1 kg feinen Silbers betrug (Chrysolepsie und Argyrolepsie).

Die Verwandlung der Gewichtseinheiten der beiden Metalle in Geld hat nach dem Münzgesetz durch Ausprägung folgender Münzen zu erfolgen:

Goldmünzen:	Gewicht:	Fehlergrenze:
zu Lire 100	Gramm 32,25800	Milligramm 32,26
„ „ 50	„ 16,12900	„ 16,13
„ „ 20	„ 6,45161	„ 12,90
„ „ 10	„ 3,22580	„ 6,45
„ „ 5	„ 1,61290	„ 4,84
Silbermünzen		
zu Lire 5	„ 25,0	„ 75,0

Die Goldmünzen und der Silberscudo (5 Lirestück) wurden mit dem Feingehalt $^{900}/_{1000}$ hergestellt bei einer Fehlergrenze in der Legierung bis $^{2}/_{1000}$ nach oben oder unten.

Die Goldmünzen und der Silberscudo waren zunächst bares Geld, da auf jede Lira der Geltung die im Dekret vom 12. Dezember 1861 vorgeschriebene Anzahl von Gewichtseinheiten der frei ausprägbaren Metalle kamen; dann Kurantgeld, weil alle Zahlungen in beliebiger Höhe damit erfolgen konnten, und da die Regierung eine Verpflichtung zur Verwechslung der Goldmünzen in silberne Fünflire-Stücke aus später zu erörternden Gründen ablehnen mußte, waren die beiden Arten des baren Kurantgeldes definitiv.

Von den Goldmünzen waren im Zahlungsverkehr nur die Stücke zu 10 und 20 Lire von Bedeutung, während diejenigen zu Lire 50 und 100 als Schaustücke der Prägekunst genau wie die vor dem Gesetz vom 24. August 1862 von Sardinien geprägten Stücke zu 40 und 80 Lire hierfür nicht in Betracht kamen und bei der Aufnahme der großen Goldanleihe im Jahre 1882 größtenteils in die staatlichen Kassen zurückflossen.

Die Annahme und Auszahlung der zur Ausmünzung eingelieferten Metallmengen und deren Überweisung an die an den Münzstätten zu Venedig, Mailand, Turin, Genua, Florenz und Neapel eingerichteten Wechselämter zur Ausprägung verwaltete die Regierung nicht selbst, sondern schrieb diese Tätigkeit als Monopol an geeignete Unternehmer zur Übernahme aus. Die Nationalbank für Italien erhielt den Zuschlag und in der zwischen Staat und Bank abgeschlossenen Konvention vom 21. Dezember 1861 wurde derselben der „servizio delle zecche" bis 31. Dezember 1873 übertragen. Für diese Zeit wurde der Bank die Berechtigung erteilt, Gold und Silber für eigene Rechnung auch zu anderen Preisen als den gesetzlich festgelegten anzukaufen und zur Ausmünzung zu bringen; nach 1865 ließ dieselbe jedoch für eigene Rechnung keine Kurantmünzen mehr schlagen. Häufig erfolgte die Bezahlung der eingelieferten Metallmengen seitens der Nationalbank mit Zustimmung des Einlieferers in Banknoten anstatt in der dem zur Ausprägung gebrachten Metalle entsprechenden Kurantgeldart. Die Verwaltung der Münzstätten durch die italienische Nationalbank erstreckte sich also nur auf die Annahme, Auszahlung und Überweisung an die Münzstätten der zur Verwandlung in Kurantmünzen von Privaten oder vom Staate eingelieferten Metalle Gold und Silber; sobald die Metalle den Münzstätten zur Ausmünzung übergeben waren, traten die gesetzlichen Vorschriften für die Herstellung der baren Kurantgeldarten in Kraft. Mit zu dieser Verwaltung gehörte auch die Herstellung der goldenen und silbernen Denkmünzen für Rechnung des Staates.

Artikel 10 des Münzgesetzes bestimmte, daß alle Kurantmünzen, deren Abnutzung das durch Angabe der Fehlergrenze festgesetzte Gewicht überschritt oder die so abgeschliffen, durchlöchert oder sonst absichtlich verstümmelt waren, daß das Gepräge auf einer oder beiden Seiten nicht mehr erkennbar war, den allgemeinen Annahmezwang verloren und von den Münzstätten nur als Metallmenge angenommen wurden. Dadurch war Vorsorge getroffen, daß die umlaufenden Goldmünzen und der Silberscudo nahezu vollwichtig blieben, so daß der Inhaber von 3445 Lire in Goldstücken 1 kg feinen Goldes, derjenige von 225 Lire in 5 Liretalern etwas über 1 kg feinen Silbers in Händen hatte (Chrysophantismus und Argyrophantismus), wodurch gleichzeitig die obere Preisgrenze für die beiden Metalle festgelegt war.

Mit der rechtlichen Bestimmung, daß die Metalle Gold und Silber unbeschränkt in die erwähnten definitiven Geldarten verwandelbar waren, hatte Italien den in Frankreich bestehenden Bimetallismus nachgeahmt, und da die Vorschriften über die Ausmünzung der definitiven Kurantgeldarten in Italien im wesentlichen den Bestimmungen des französischen Münzgesetzes von 1803 entsprachen, waren die italienischen und französischen Goldmünzen und das silberne Fünflirestück beider Länder technisch übereinstimmend (homochartal).

Die Verleihung des allgemeinen Annahmezwanges an ausländische den Bestimmungen des italienischen Münzgesetzes über die goldenen und silbernen Kurantmünzen entsprechenden, also homochartalen Münzen d. h. die Einreihung derselben unter die staatlichen gemünzten Zahlungsmittel Italiens (einseitiger Synchartismus) stellte Artikel 9 des Münzgesetzes der Regierung anheim.

Außer dem silbernen Fünflirestück wurden noch folgende Silbermünzen geprägt:

Lire:	Gewicht:	Fehlergrenze:
2	Gramm 10,000	Milligramm 50,00
1	5,000	25,00
0,50	2,500	17,50
0,20	1,000	10,00

Da auch in Italien die nach 1803 nach französischem Muster, also mit dem Feingehalt $^{900}/_{1000}$ geschlagenen Silbermünzen unter 5 Lire infolge des hohen Londoner Silberpreises ein auf der vorteilhaften Verwendung der Platten beruhendes positives Agio erhalten hatten und außer Landes geströmt waren, setzte Art. 3 des Münzgesetzes den Feingehalt für Silberteilmünzen auf $^{835}/_{1000}$ herab, mit einer Fehlergrenze für den

Silberbestandteil der Legierung bis zu $^{3}/_{1000}$ nach oben oder unten. Das Recht zur Ausprägung dieser Münzen behielt sich ausdrücklich der Staat vor, der sich zur Herstellung von 150 Millionen Lire in solchen Stücken entschloß und zwar

30	Millionen	in	2-Liremünzen	
60	„	„	1	„
50	„	„	0,50	„
10	„	„	0,20	„

Nach Art. 7 des Münzgesetzes war niemand verpflichtet mehr wie 50 Lire in solchen Münzen (monete divisionarie) auf einmal in Zahlung zu nehmen; die öffentlichen Kassen nahmen dieselben selbstverständlich ohne Rücksicht auf die Höhe des Betrages an. Im Gegensatz zu den damaligen französischen Silbermünzen unter 5 Lire: notale Scheidemünzen mit silbernen Platten!

Hierher gehören noch folgende Bronzemünzen:

Centesimi:	Gewicht	Passiergewicht:
10	Gramm 10	1 %
5	5	
2	2	1 1/2 %
1	1	

Die Legierung der Bronzemünzen setzt sich aus 960 Tausendteilen Kupfer und 40 Tausendteilen Zinn zusammen, mit einer Fehlergrenze in der Legierung von 5 Tausendteilen nach oben oder unten für jedes der beiden Metalle. Diese Münzen müssen von Privaten nur bis zu Beträgen unter einer Lira angenommen werden. Die Bestimmung, daß auch die silbernen und bronzenen Scheidemünzen, wenn deren Abnutzung das Passiergewicht überschritten hat, vom Staate nur als Metallmengen angenommen wurden, machte die wohlgemeinte Absicht des Gesetzgebers, durch Festsetzung eines Passiergewichtes die Scheidemünzen nicht bis zur Unkenntlichkeit verkommen zu lassen, unwirksam, da stark abgeschliffene Stücke seitens Privater wegen des drohenden Verlustes nicht zu Zahlungen an öffentliche Kassen verwendet wurden.

Die Herstellung der Silberscheidemünzen wurde für Rechnung des Staates laut Konvention vom 6. Februar 1863 der Nationalbank für Italien übertragen, desgleichen die Beschaffung der Bronzemünzen nach der Währungsänderung vom 2. Mai 1866. Die Prägung der Bronzemünzen vor Einführung des Zwangskurses hatte folgenden Umfang erreicht:

Centesimi	10	für	Lire	12 000 000
	5	„	„	21 190 446,10
	2	„	„	1 500 000
	1	„	„	1 500 000
			Lire	36 190 446,10

Art. 6 des Münzgesetzes enthielt folgende wichtige Bestimmung. „Die silbernen Fünf-Lirestücke vom Feingehalt $^{900}/_{1000}$ werden nur auf Verlangen und für Rechnung von Privaten geprägt.“ Wer sich diese Münzen in größerer Menge verschaffen wollte, mußte, soweit dies nicht durch Entnahme französischer, belgischer oder vor dem Münzgesetz in Italien hergestellter Stücke aus dem Zahlungsverkehr möglich war, die erforderliche Silbermenge zur Ausmünzung einliefern.

Wer hatte aber 1862 ein Interesse daran, sein Silber in italienische Kurantmünzen zu verwandeln, während dasselbe auf dem Londoner Silbermarkt vorteilhafter zu verwenden war!

In Italien erfolgte die Ausmünzung der goldenen und silbernen Kurantmünzen wie in Frankreich nach dem Wertverhältnis des Goldes zum Silber von $15^1/_2$ zu 1. Dies für 1803 etwa zutreffende Wertverhältnis der beiden Metalle hatte sich seit 1851 zugunsten des Silbers wesentlich verändert. Wer also nach Erlaß des Münzgesetzes ein Kilogramm feinen Silbers in italienische Fünf-Liretaler verwandeln ließ, erhielt dafür 220,5 Lire in solchen Stücken, wer es aber auf dem Londoner Silbermarkte verkaufte, erhielt dafür in italienische Währung umgerechnet mehr als 220,5 Lire.

Hiermit sind wir schon in die Erörterung der Frage nach dem Währungsgeld im engeren Sinne eingetreten, d. h. behandelte die Regierung die Goldmünzen oder silbernen Fünf-Liretaler als aufdrängbar bei ihren Zahlungen? Eine valutarische Behandlung einer der beiden Geldarten setzte voraus, daß die Regierung den staatlichen Kassen die betreffenden Geldstücke in unbeschränkter Menge zur Verfügung stellen konnte.

Gemäß Art. 6 des Münzgesetzes prägte aber die Regierung auf eigene Kosten keine Silberscudi und infolge des hohen Londoner Silberpreises wurde sehr wenig Silber von Privaten zur Verwandlung in jene Münzen angeboten. Daher war eine Bereithaltung des Fünf-Liretalers zu einer aufdrängbaren Verwendung bei den öffentlichen Kassen ausgeschlossen. Daraus folgte auch, daß die goldenen und silbernen Kurantgeldarten definitiv waren, da die Regierung sich weigern mußte, Goldmünzen in Silber-Kurantgeld einzulösen aus dem einfachen Grunde, weil dieselbe über die dazu erforderliche Menge solcher Münzen nicht verfügte.

Die Absicht, den Silberscudo in valutarische Stellung zu bringen und darin zu erhalten, hätte sich für Italien zu einer Zeit, da Frankreich, Belgien und die Schweiz unter dem Abfluß ihrer vollwertigen Silbermünzen litten, zu einer finanziellen Machtfrage zugespitzt. Der damalige hohe Silberpreis hätte den Vorrat an Fünf-Liretalern dauernd verringert und zu deren Ergänzung d. h. zur Aufrechterhaltung der Währung hätte die Regierung zu Silberankäufen schreiten müssen, was sich im Wertverhältnis des Goldes zum Silber zugunsten des letzteren bemerkbar gemacht hätte, und damit wären die Silberankäufe zu einer dauernden Notwendigkeit geworden. Die Verfolgung einer Währungspolitik der valutarischen Behandlung des Silberscudos war daher bei der seit Gründung des Königreichs vorhandenen ungünstigen Finanzlage ausgeschlossen.

In valutarischer Stellung, Währungsgeld, waren die goldenen 10- und 20-Lirestücke. Schon das Dekret vom 20. Oktober 1861 ermächtigte die neugegründeten Zweigstellen der italienischen Nationalbank, zur Einlösung ihrer Noten die goldenen 10- und 20-Liremünzen zu verwenden, in Übereinstimmung mit der von der Bank bisher gehandhabten Praxis. Für Italien bedeutete die valutarische Behandlung der Goldmünzen eine Notwendigkeit, bedingt durch fiskalische, handels- und finanzpolitische Erwägungen. Den Silberscudo in valutarische Stellung zu bringen und darin zu erhalten, hätte, wie wir früher auseinandersetzten, das finanzielle Können des Landes überschritten und wäre handelspolitisch ein Fehler gewesen. Fiskalisch war es daher bei dem damaligen relativ billigeren Preise des Goldes zweckmäßiger, die Goldmünzen in diese Stellung zu bringen.

Vor allem wurde dadurch die Unterbringung italienischer Anleihen in England und Frankreich erleichtert. England behandelte seit 1821, Frankreich nach 1860 seine Goldmünzen valutarisch. Für den englischen oder französischen Käufer italienischer Staatsanleihe war es daher von größter Wichtigkeit, in welcher Geldart Italien seine Zinsverpflichtungen entrichtete, ferner, daß der zwischen dem valutarischen Geld des Gläubiger- und Schuldnerstaates bestehende intervalutarische Kurs vor starken Störungen, der Kurs des Währungsgeldes des Schuldnerstaates vor allem gegen ein starkes Sinken gegenüber demjenigen des Gläubigerstaates geschützt wurde. Mit der Tatsache, daß Italien seine Goldmünzen valutarisch zu behandeln beabsichtigte, wurden die bei englischen oder französischen Käufern italienischer Anleihe in bezug auf erhebliche Kursschwankungen vorhandenen Befürchtungen beseitigt, da nach der damals verbreiteten Ansicht der Wechselkurs zweier Länder mit Goldwährung sich durch Goldsendungen automatisch regeln sollte.

Besonderes Zutrauen zu der automatischen Regelung der Wechselkurse zweier Länder mit Goldwährung scheint aber nach dem auf Vorschlag des Finanzministers am 11. März 1863 erlassenen Dekret im italienischen Finanzministerium nicht geherrscht zu haben. Darin wurde nämlich der bei Auszahlung der Zinsscheine der italienischen Staatsanleihe in London zwischen dem Pfund Sterling und dem 20-Lirestück der Berechnung zugrunde zu legende Kurs für 5 Jahre auf 25,30 Lire für 1 Pfund festgesetzt d. h. die Regierung bot innerhalb des betreffenden Zeitraums für je 25,30 L. italienischer Rente, zahlbar in London, dem Berechtigten 1 Pfund Sterling an. Der englische Rentengläubiger wurde also trotz der bei beiden Ländern vorhandenen

Goldwährung gegen die Schwankungen des italienisch-englischen intervalutarischen Kurses geschützt. Die Bedeutung dieser Kursfestsetzung geht aus folgender Gegenüberstellung hervor. Im März 1866 mußten z. B. an der Börse zu Mailand 24,96 Lire zur Erlangung eines Pfundes Sterling aufgewendet werden, im Juni zwischen 26,70 und 29,70 Lire! Ohne die Kursfestsetzung hätte dann der englische Rentengläubiger im zweiten Falle erst für 29,70 Lire seines unveränderlichen Rentenbezuges 1 Pfund erhalten.

Die italienische Gesetzgebung über das Geldwesen nach Gründung des Königreichs hatte sich also als zu verwirklichendes Ziel gesetzt: Durchführung der Goldwährung im Anschluß an die Goldwährung der großen Handels- und Kapitalmächte Frankreich und England.

Da trotz der 1861 als Werteinheit für das ganze Königreich verkündigten Lira italiana nach alter Gewohnheit bei Behörden und Privaten mit den früheren Werteinheiten weiter gewirtschaftet wurde, setzte Art. 11 des Münzgesetzes für jede im Rechnungswesen der Behörden vorkommende Nichtanwendung der neuen Werteinheit eine Strafe von 50 Lire fest, und vom 1. Januar 1863 ab wurde die Nichtanwendung der Lira auch im schriftlichen Verkehr der Privaten mit einer Strafe von 5 bis 50 Lire bedroht; doch wurde die Strafverfolgung wegen Art. 11 schon am 29. November 1863 eingestellt.

Das Münzgesetz vom 24. August 1862 trat am 3. September 1868 in den Provinzen Mantua und Venedig und am 13. Oktober 1870 im Gebiete des früheren Kirchenstaates, der Provinz Rom, in Kraft.

Der Münzkommission harrte bei Ausarbeitung der zur Vereinheitlichung des Münzwesens unerläßlichen baldigen Tarifierung, Ein- und Verrufung der nicht den Bestimmungen des Münzgesetzes entsprechenden Münzen eine schwierige Aufgabe, deren vollständige Lösung durch die Währungsänderung des Jahres 1866 jäh unterbrochen wurde. Für die Zurückziehung, Umwechslung und Umprägung der nach verschiedenen Münzsystemen geprägten Münzen aus Gold, Silber und Billon wurde der Betrag von 18466350 Lire in das Budget eingestellt; der Erlaß der in Betracht kommenden Befehle hatte nach Art. 12 des Münzgesetzes in Form königlicher Dekrete zu erfolgen.

Für die Übergangszeit verlieh das Dekret vom 17. Juli 1861 den früheren Landesmünzen bis auf weiteres den allgemeinen Annahmezwang innerhalb der dem ehemaligen Landesgebiete entsprechenden Provinzen; desgleichen erhielten am 10. Januar 1862 die in den neapolitanischen und sizilianischen Provinzen zahlreich vertretenen nach dem Dezimalsystem hergestellten Gold- und Silbermünzen Frankreichs und Belgiens „corso legale" innerhalb obiger Provinzen. (Einseitiger Synchartismus.)

Die auf Grund der Gesetze vom 20. November 1859 und 30. Juni 1861 herzustellenden neuen Bronzemünzen zu 1, 2 und 5 Centesimi erhielten vom 1. August 1861 ab corso legale innerhalb des ganzen Königreiches. Die innerhalb der einzelnen Provinzen umlaufenden Kupfer- und Bronzemünzen verschiedenster Herkunft wurden nach vorausgegangener Einrufung an folgenden Zeitabschnitten verrufen:

am 31. August 1861 die besonders im italienischen Teil der Lombardei noch umlaufenden, gemäß Patent vom 1. November 1823 geprägten Kupfermünzen zu 1, 3 und 5 centesimi der Lira Austriaca, ferner die auf Grund des Ministerialdekrets vom 28. Juli 1852 geprägten Stücke zu 1, 3 und 5 centesimi und ebenso der Soldo di fiorino oder Centesimo und der halbe Soldo gleich 0,5 centesimo, geprägt gemäß kaiserlichem Patent vom 19. September 1857;

am 31. Januar 1862 die in den Provinzen Emilia, Marche und Umbrien umlaufenden Kupfermünzen verschiedenster Herkunft;

am 31. Oktober 1862 die päpstlichen Kupfermünzen in der Provinz Benevento und im Distrikt Pontecorvo;

am 29. Dezember 1863 die von Toskana gemäß Dekret vom 2. Dez. 1859 hergestellten Kupfermünzen zu 1, 2 und 5 centesimi;

am 31. März 1864 sämtliche Kupfermünzen Sardiniens;

am 31. August 1864 die in den Provinzen Süd-Italiens und in den Marken umlaufenden Kupfermünzen neapolitanischen Gepräges;

am 31. Oktober 1864 die französischen Bronzemünzen zu 1, 2, 5 und 10 centesimi, die seit 1859 in den festländischen Provinzen Sardiniens und in der Lombardei allgemeinen Annahmezwang genossen;

am 10. Dezember 1868 die von Österreich für Lombardei-Venetien geprägten Kupfermünzen in den Provinzen Mantua und Venedig;

am 31. Januar 1871 die älteren päpstlichen Kupfermünzen zu $^1/_2$, 1 und 2 Baiocchi der Provinz Rom und die neueren päpstlichen Bronzemünzen zu 1, $2^1/_2$, 5 und 10 cent.

Sämtliche Kupfer- oder Bronzemünzen, die als Bruchteile des Frankens oder der Lira nach dem Dezimalsystem ausgeprägt waren, wurden zum Nennwert gegen italienische Bronzemünzen umgetauscht, während alle anderen auf Grund einer festgesetzten Tarifierung bei der Leistung von Zahlungen an öffentliche Kassen oder beim Umtausch berechnet wurden. Bei Beträgen von mindestens 100 Lire erfolgte der Umtausch dieser Münzen zur Hälfte in Bronzemünzen, zur andern Hälfte in silbernen Scheidemünzen, nach Einführung des Zwangskurses traten an Stelle der Silberscheidemünzen Banknoten.

Einen Überblick über die seit 1861 einzuziehenden alten italienischen Landesmünzen aus Gold, Silber und Billon gewährt folgende von der Münzkommission festgesetzte Tarifierung:[1])

Münzen aus Silber und Billon

der alte Scudo	von	Sardinien	zu	4,80	Lire
„	„	Genua	„	6,48	„
„	„	Piemont	„	7,10	„
8 Soldi	„	„	„	0,40	„
4 „	„	„	„	0,20	„
Scudo d'Ercole III (ausgenommen die von 1796)	„	Modena	„	5,60	„
Scudo von Francesco III	„	„	„	5,54	„
Lira	„	„	„	0,30	„
Pisis oder Francescone	„	Florenz	„	5,60	„

[1]) Dekrete vom 17. Juli und vom 6. August 1864.

10 Lire-Stück	von Florenz	zu	8,40 Lire
5 „ „	„ „	„	4,20 „
Dukaten	„ Parma	„	5,15 „
6 Lire-Stück	„ „	„	1,36 „
Scudo (nach 1835 : 900/1000)	„ Rom u. Bologna	„	5,32 „
Halber Scudo	„ „	„	2,66 „
Testone = 30 Baiocchi	„ „	„	1,59 „
Papetto = 20 „	„ „	„	1,06 „
Paolo = 10 „	„ „	„	0,53 „
Dukaten (833⅓ / 1000)	„ Neapel u. Sizilien	„	4,25 „
Piastra = 12 Carlin = 12 Tari	„ „	„	5,10 „

Goldmünzen

Doppietta	von Sardinien	zu	10,00 Lire
Carlino	„ „	„	50,00 „
Halber Carlin	„ „	„	25,00 „
Doppia	„ Savoyen	„	28,45 „
„	„ Genua	„	79,00 „
„	„ Parma	„	21,92 „
„	„ Rom und Bologna	„	17,07 „
Zecchino	„ „	„	11,70 „
Scudo	„ „	„	5,32 „
5 Scudi	„ „	„	26,60 „
Zecchino	„ Toskana	„	11,20 „
Ruspone	„ „	„	36,00 „
Unze zu 3 Dukaten (nach 1818)	„ Neapel	„	12,75 „
Unze zu 3 Dukaten (nach 1748)	„ Sizilien	„	12,75 „

Die Eigenschaft, gesetzliches Zahlungsmittel zu sein, verloren nach vorheriger Einrufung am 16. April 1863 die von den späteren reichsdeutschen Einzelstaaten geprägten, besonders in den Provinzen Parma und Piacenza umlaufenden Taler, halben Taler oder Guldenstücke und das 20-Kreuzerstück.

Bis zum 15. April desselben Jahres blieben diese deutschen Münzen zu Zahlungen an die Steuerkassen verwendbar, vorausgesetzt, daß die Abnutzung nicht die im parmensischen Dekret vom 27. Dezember 1829 festgesetzte Grenze überschritt. Bezüglich der in großer Menge vorhandenen stark abgeschliffenen 20-Kreuzerstücke deutschen Gepräges kam die Regierung den Besitzern in der Weise entgegen, daß zu stark abgenutzte Stücke bis 15. Mai 1863 weiterhin zu Zahlungen an die Steuerkassen verwendet werden durften, wobei aber der rekurrente Anschluß derselben an die Lira italiana von 86 auf 80 cent. herabgesetzt wurde.

Das gleiche Schicksal teilten am 29. Februar 1864 die österreichischen Silber- und Billonmünzen; am ersten März die von anderen fremden Regierungen für Italien nicht nach dem Dezimalsystem geprägten Gold-, Silber- und Billonmünzen, die besonders in den Provinzen Emilia, Toskana, Marche, Umbrien und in den beiden Sizilien gesetzliches Zahlungsmittel waren und am 31. Oktober 1864 die von den ehemaligen italienischen Staaten nicht nach dem Dezimalsystem geprägten Landesmünzen aus Gold, Silber und Billon (siehe Tarifierung).

Weiter wurden außer Kurs gesetzt die päpstlichen Gold- und Silbermünzen in den Provinzen Romagna, Marche und Umbrien am 30. Januar 1865; die von Toskana geprägten Silbermünzen und der Scudo und halbe Scudo der Republik Lucca am 10. April 1865; die von Piemont geprägten 8, 4 und $2^1/_2$ Soldi-Stücke und die auf Grund des herzoglichen Dekrets vom 21. Juni 1833 in Modena als gesetzliches Zahlungsmittel zugelassenen toskanischen Münzen zu einer Lira, 2 Paoli, 1 und $^1/_2$ Paolo am 20. August 1865.

Nachdem die italienische Nationalbank im Frühjahr 1866 die Verwaltung des Schatzamtes in den neuen früher zum Kirchenstaat gehörenden Provinzen Ancona, Ascoli-Piceno, Bologna, Ferrara, Forli, Macerata, Perugia, Pesaro und Ravenna übernommen hatte, übertrug der Finanzminister derselben die Zurückziehung der in diesen Gebieten umlaufenden päpstlichen und toskanischen Silber- und Goldmünzen. Die Einziehung hatte folgendes Ergebnis:

Päpstliche	Münzen	23 901 457,94 Lire
Toskanische	„	1 502 057,93 „

Auf Grund der Zugehörigkeit Italiens zum lateinischen Münzbund wurden am 10. Januar 1869 folgende mit dem Feingehalt $^{900}/_{1000}$ geprägten Silbermünzen zu Lire 2, 1, $^1/_2$, $^1/_4$ und $^1/_5$ verrufen:

a) hergestellt von den früheren italienischen Staaten vor dem Gesetz vom 24. August 1862;
b) „ von Frankreich vor dem Gesetz v. 25. Mai 1864;
c) „ von der Schweiz v. d. Bundesges. v. 31. Jan. 1860;
d) „ von Belgien v. d. Ges. vom 21. Juli 1866.

Den Schluß der Verrufung machte am 15. Juni 1872 in der Provinz Rom die Außerkurssetzung der päpstlichen Silberscudì und aller andern päpstlichen Silbermünzen, deren Bewertung in italienischer Wertung weniger wie 5 Lire betrug.

Das Dekret vom 21. Juli 1866 hatte für die bisher von Österreich besetzten Provinzen Mantua und Venedig den rekurrenten Anschluß des österreichischen Silberguldens an die italienische Lira aufgestellt. $40^1/_2$ Fl. neuer Währung (seit 1857) gleich 100 Lire; 1 Fl. gleich 2,46 Lire. Gleichzeitig wurden die italienischen Münzen als gesetzliches Zahlungsmittel eingeführt, daneben behielten aber die österreichischen Münzen bis auf weiteres den allgemeinen Annahmezwang und wurden nach folgender Tarifierung gegen goldene oder silberne Kurantmünzen des lateinischen Münzbundes eingetauscht.

Der Kronentaler zu	5,67 Lire
Das 2 Fl.-Stück (vor und nach 1857)	4,93 „
„ 1 Fl.- „	2,46 „
„ 20 Kreuzerstück	0,86 „
Die Lira Austriaca ($^{900}/_{1000}$)	0,86 „

Die in beiden Provinzen vorhandenen alten $3^1/_2$ Guldenstücke (VII eine feine Mark), die Vereinstaler (XIV eine feine Mark) und die 2- und 1-Talerstücke (XV und XXX ein Pfund fein) wurden nicht gegen italienische Münzen umgetauscht, sondern nur zur Zahlung von Steuern und Abgaben zugelassen. Für die Münzen der erwähnten Gulden und Talergruppen trat Verrufung ein am 5. November 1868.

Zur Herstellung der neuen Münzen nach dem Münzgesetz von 1862 wurden neben anderen Landesmünzen 80 000 000 toskanischer und ungefähr 120 000 000 Lire neapolitaner Münzen verwendet. Da die Regierung für eigene Rechnung keine Silberscudi ausprägte, sammelten sich bei derselben beträchtliche Mengen silberner z. B. bourbonischer Landesmünzen an, deren Verwandlung in Fünf-Liretaler wegen der Agiogefahr erst zu einer Zeit gesunkener Silberpreise erfolgte.

Mit dem 17. Februar 1870 blieb nur noch die Mailänder Münzstätte in Betrieb, die mit der Verwandlung des eingelieferten Goldes und Silbers in Kurantmünzen beauftragt war; dieAnnahme der zur Ausprägung gebrachten Metalle hatte fernerhin in Genua, Florenz, Neapel und Venedig seitens der italienischen Nationalbank unter Aufsicht eines Regierungsbeamten zu erfolgen. Seit 28. Juni 1892 ist nur noch die Münze zu Rom in Tätigkeit.

Nach dem italienischen statistischen Jahrbuch 1878 betrugen die Münzprägungen im Königreich von 1862 bis 1877:

Jahre	Gold	Silber 900/1000	Silber 835/1000	Bronze
1862	28 608 760	964 435	330 960,50	28 190 442,54
1863	76 514 100	—	31 751 913,20	8 000 000,00
1864	12 172 600	601 935	30 696 351,10	8 000 000,00
1865	68 705 190	4 010 835	41 937 101,80	8 000 000,00
1866	3 926 020	2 351 760	33 501 075,60	20 000 000,00
1867	5 525 830	—	16 530 145,80	41 293,20
1868	6 807 940	—	1 252 452,00	19 958 706,80
1869	3 707 100	19 976 230	—	—
1870	1 095 400	30 729 280	—	—
1871	470 160	35 116 695	—	—
1872	66 100	35 611 920	—	—
1873	20 404 140	42 273 935	—	—
1874	5 919 420	60 000 000	—	—
1875	2 244 440	50 000 000	—	—
1876	2 154 560	36 000 000	—	—
1877	4 947 960	18 000 000	—	—
Gesamt-Betrag Lire:	243 269 720	335 636 025	156 000 000,00	76 190 442,54

Neben diesem gemünzten Gelde vermittelten Banknoten den mittleren und großen Zahlungsverkehr.

Wir erwähnen zuerst die wichtigste der zur Notenausgabe berechtigten Banken, die Nationalbank für Italien. Dieselbe war entstanden aus der Vereinigung der Bank von Genua und der Bank von Turin zwecks Bildung der sardinischen Nationalbank, deren erste Statuten vom 14. Dezember 1849 durch das sardinische Gesetz vom 9. Juli 1850 sanktioniert wurden. Darnach war die Bank berechtigt, Noten in Abschnitten zu Lire 1000, 500, 250 und 100 auszugeben.

Bis zur ersten Hälfte des Jahres 1855 waren in Sardinien ausschließlich die Noten der Bank von Genua im Umlauf, die die damalige sardinische Nationalbank wie eigene annahm; in der zweiten Hälfte desselben Jahres brachte die Nationalbank ihre eigenen Noten in den Verkehr und zog diejenigen der Bank von Genua ein. Am 27. Februar 1856 wurde die in Cagliari eingerichtete Zweigstelle zur Ausgabe von Noten zu 20 Lire im Betrag von 2 Millionen ermächtigt; während aber für alle höher gestückelten Noten kein Annahmezwang bestand, erhielt die niederst gestückelte in Sardinien allgemeinen Annahmezwang, blieb aber einlösbar. Mit der Einführung des Zwangskurses der Noten der sardinischen Nationalbank im Jahre 1859 in Sardinien, Lombardei-Venetien, Parma und Modena wurde der Ausgabebetrag für die 20-Lirescheine auf 6 Millionen und mit der Ausdehnung des Geschäftskreises der sardinischen Nationalbank auf die von Sardinien in demselben Jahre besetzten Länder Lombardei, Parma und Modena auf 8 Millionen erhöht.

Gemäß den am 1. Oktober 1859 neu aufgestellten Statuten betrug das Aktienkapital 40 Millionen Lire, das am 29. Juni 1865 auf 100 Millionen erhöht wurde. Ende des ersteren Jahres betrug die Notenausgabe 124 Millionen Lire. Seit 24. Februar 1861 war die Bank zum Betrieb staatlich genau vorgeschriebener Erwerbsgeschäfte in ganz Italien ermächtigt. Die Nationalbank war nach den Statuten von 1859 verpflichtet, dem Staat Darlehen bis zum Betrag von 18 Millionen zu gewähren. Da diese Verpflichtung auch gegenüber dem Einheitsstaate bestehen blieb, wurde seitens der Regierung als Gegenleistung das Recht zur Notenausgabe in der erwähnten Stückelung bestätigt. Als 1861 die Bank zu den 4 Gesandtschaften und die Bank von Parma in der italienischen Nationalbank aufgingen, wurden die Noten der beiden Institute eingezogen.

Nach dem Gesetz vom 4. Juli 1857 sollte die Metalldeckung bis zu einem Notenumlauf von 30 Millionen Lire ein Fünftel, von über 30—60 Millionen ein Drittel und von 60 Millionen und darüber die Hälfte der umlaufenden Noten betragen. Seit 1. Oktober 1859 wurde Drittelsdeckung ohne Rücksicht auf die Höhe des Notenumlaufes eingeführt; eine weitere Beschränkung für die Notenausgabe bestand nicht mit Ausnahme der für die 20-Lirescheine mitgeteilten.

Eine rechtliche Verpflichtung zur Annahme der auf Verlangen stets in Metallgeld einlösbaren Noten der italienischen Nationalbank war der Staat nicht eingegangen, doch wurden die Scheine an allen öffentlichen Kassen wie Metallgeld angenommen und waren daher rein privates Notengeld des Kundenkreises der Bank. Die Regierung hatte aber der Nationalbank die Verleihung des Kassenkurses an ihre Noten in Aussicht gestellt, sobald die Bank die Verwaltung des Schatzamtes übernahm d. h. sich zur kostenlosen Besorgung aller vom Staate zu leistenden Zahlungen innerhalb Italiens verpflichtete. Mit dem 1. Januar 1866 übernahm die Bank diese Verpflichtung und von dem Tage an genossen ihre Noten gesetzlichen Annahmezwang an allen Staatskassen, blieben aber einlösbar. Die Dauer der Nationalbank war festgesetzt bis Ende 1889.

Banknoten mit vorgeschriebener Drittelsdeckung zu Lire 1000, 500, 200 und 100 gab ferner die Nationalbank für Toskana aus, deren Aktienkapital 10 Millionen betrug. Nach den durch das toskanische Dekret vom 30. Dezember 1857 gebilligten Statuten bestand für die im Gesamtbetrag von 24 Millionen Lire toskanischer Währung auszugebenden Noten ein Zwang zur Annahme im Zahlungsverkehr nur für die toskanischen Postkassen und zwar nur in den Städten, die mit Florenz durch Eisenbahnen verbunden waren oder wo die Bank eine Niederlassung hatte. Gegenüber den Privaten mußte die Bank jede im Zahlungsverkehr angenommene Note gegen toskanische Silbermünzen umtauschen. Der toskanische Staat hatte sich zur Annahme dieser Noten an seinen Kassen erst dann bestimmen lassen, nachdem die Bank als Sicherheit für die Einlösung ihrer Noten die Summe von 2 Millionen Lire toskanischer Währung gleich 1 680 000 Lire Einheitswährung hinterlegt hatte, und der italienische Einheitsstaat übernahm als Rechtsnachfolger Toskanas diese Abmachungen unverändert. Im Januar 1862 betrug der Notenumlauf über 35 Millionen toskanischer Lire. Die Noten lauteten bis 11. Dezember 1864 auf toskanische Lire, nach diesem Zeitpunkt wurden dieselben gegen Noten der Lira italiana umgetauscht.

In der Provinz Toskana zirkulierte außerdem eine weitere rein fakultative Geldart im Gesamtbetrage von nur 386 000 Lire, die Kassenscheine der toskaner Kreditbank, deren Aktienkapital auf Nominal 10 Millionen Lire festgesetzt war. Bis zum dreifachen Betrag des wirklich eingezahlten Kapitals (2 000 000 Lire) durfte die Bank diese Scheine in folgender Stückelung ausgeben: Lire 5000, 1000, 200, 100 und 50. Eine Verpflichtung zur Schaffung einer Metallreserve bestand hierfür nicht, wenngleich die Bank freiwillig eine entsprechende Summe zu diesem Zweck bereit hielt. Diese Kassenscheine unterscheiden sich von den Banknoten lediglich durch ihre andere Benennung.

Nach der Errichtung des Einheitsstaates und vor Einführung des Zwangskurses waren demnach die erwähnten drei Privatbanken in Form von Aktiengesellschaften zur Notenausgabe berechtigt. Da die Zugehörigkeit zum Geldwesen eines Staates von der Annahme des betreffenden Zahlungsmittels an den öffentlichen Kassen abhängt, gehörten zunächst die Noten der toskaner Nationalbank seit 1861 und dann die Noten der italienischen Nationalbank seit 1. Januar 1866 zum staatlichen Gelde Italiens (fakultatives provisorisches Notalgeld in akzessorischer Stellung), während die Scheine der toskaner Kreditbank privates Notengeld darstellten. Hierbei ist aber zu beachten, dass die Noten der italienischen Nationalbank im ganzen Königreich zirkulieren durften, diejenigen der beiden andern Notenbanken rechtlich auf den Verkehr in Toskana beschränkt blieben und sich dadurch ihren Charakter als früheres Landesgeld bewahrten; bei der infolge der Kämpfe um die Einigung des Staates noch nachwirkenden politisch erregten Stimmung eine unbeliebte Einrichtung.

Die Forderung nach Schaffung einer einzigen Notenbank für ganz Italien tauchte alsbald auf und führte auch am 31. März 1865 zum Abschluß einer Konvention zwischen dem damaligen Finanzminister als Vertreter des Staates einerseits und der Nationalbank für Italien und der toskaner Nationalbank andererseits zwecks Verschmelzung dieser beiden Banken zur Bildung der Banca d'Italia. Nach den in der betreffenden Konvention aufgestellten Statuten sollte die neu zu gründende Bank allein zur Notenausgabe berechtigt sein. Im übrigen enthielt der Vertrag die Vorschriften über die von der Bank zu betreibenden Erwerbsgeschäfte und die Bestimmung, auf Verlangen des Finanzministers der Regierung bis zu 40 Millionen als verzinsliches Darlehen zur Verfügung zu stellen. Die Dauer der Banca d'Italia war auf 25 Jahre vom 1. Januar 1866 ab festgesetzt. Zwar erhielt der Vertrag die Sanktion des Königs durch Dekret vom 23. Oktober 1865, die erforderliche Verwandlung in ein Gesetz erfolgte nicht — drohende politische Verwickelungen lenkten das allgemeine Interesse von dieser Frage ab — und damit unterblieb die erwünschte Vereinheitlichung im Notenwesen.

Im Gegensatz zu den bisher erwähnten Arten des staatlichen Geldes, den Münzen und Banknoten, wenden wir uns im folgenden einer dritten Art staatlicher Zahlungsmittel Italiens zu, einem staatlichen Zahlungsmittel ohne Chartalverfassung.

Im Süden Italiens bestanden zwei staatliche Zahlgemeinschaften: die eine bildeten die neapolitanischen Provinzen mit der Bank von Neapel als Zentralstelle, die andere die sizilianischen Provinzen mit der Bank von Sizilien als Zentralstelle. Die Natur dieser Zahlungsmittel wollen wir an der Hand der von der Bank von Neapel als Zentralstelle ausgeführten Zahlungsvermittelungen feststellen.

Gegen Ende des 16. Jahrhunderts wurden in Neapel 7 Banchi pii oder Monti di pietà gegründet, 1573 der Monte di pietà, 1589 S. M. del Popolo, 1591 Spirito Santo, 1592 Sant' Eligio, 1597 San Giacomo e Vittoria und 1606 der Monte di pietà der Armen. Die Gründung dieser Monti di pietà erfolgte mit den zu wohltätigen Zwecken von Privaten zusammengebrachten Mitteln. Die sieben Institute waren von einander unabhängig, dienten aber alle entsprechend der Absicht ihrer Stifter demselben Zweck, Gewährung von Vorschüssen auf bewegliche Pfänder (Leihhaus), sichere Aufbewahrung unverzinslicher Geldbeträge (Depositen) und Verwendung der aus dem Betriebe obiger Geschäftszweige entspringenden Gewinne zu Werken der Wohltätigkeit, besonders Befreiung der in Schuldknechtschaft Gefallenen, Loskauf von Sklaven, Unterstützung von Hospitälern und ähnlichen gemeinnützigen Anstalten.

Während der politischen Umwälzungen des 17. Jahrhunderts nahm besonders das Depositengeschäft einen ungeahnten Aufschwung, da die sieben Banken in dieser Zeit auf Grund der unverzinslichen Depoteinlagen ihren Geschäftskreis durch kostenlose Vermittelung von Zahlungen unter ihren Depositenkunden erweiterten. 1793 besaßen diese Banken ein Vermögen von 60 Millionen Lire und verfügten über ungefähr 100 Millionen Lire unverzinslicher Depositengelder!

1794 wurden die Banken auf Befehl Ferdinands IV. der Verwaltung der Regierung unterstellt d. h. der Bourbone machte zur Beschaffung der Mittel für den österreichischen Krieg ausgiebigen Gebrauch von den Depositengeldern der Privaten, und damit verloren diese Girobanken das Vertrauen ihrer Kundenkreise und folglich ihre Bedeutung. Unter französischer Herrschaft wurde 1805 der Kreis der Erwerbsgeschäfte durch den Wechseldiskont erweitert; der Versuch, die Banken in eine Aktiengesellschaft zu verwandeln, scheiterte jedoch an dem allgemeinen Mißtrauen, trotzdem Murat als erster Aktionär gezeichnet hatte. [1]) Nach der Rückkehr der Bourbonen-Dynastie

[1]) Versuche der französischen Regierung in den Jahren 1806 (Ges. v. 11. Juni), 1808 (Ges. v. 6. Dezember) und 1809.

erfolgte durch Dekret vom 12. Dezember 1816 der Zusammenschluß der sieben Banken zu einer einzigen, dem Banco delle due Sicilie. Da die Bank zur Finanzverwaltung des Königreichs beider Sizilien gehörte, wurden zwei getrennte Kassen eingerichtet; die eine besorgte die Annahme der Depositen und Beleihung der Pfänder (Kasse der Privaten), die andere war Zahlstelle für alle Zahlungen an den Staat oder seitens des Staates und besorgte seit 1818 außerdem den Wechseldiskont (Hofkasse). Die Bank bildete auch nach der Errichtung des italienischen Königreichs einen Zweig der Finanzverwaltung bis zum 27. April 1863, dem Tage, an dem dieselbe als Bank von Neapel für autonom erklärt wurde. Die Regierung behielt sich das Recht zur Überwachung vor und ernannte auf Vorschlag des Verwaltungsrates der Zentralstelle in Neapel den Generaldirektor, die Direktoren der Zweigstellen und zwei Verwaltungsräte.

Von den Erwerbsgeschäften der Bank interessiert uns hier vor allem die Art und Weise der noch nach 1861 unter den Depositenkunden der Bank ausgeführten Zahlungsvermittlungen.[1])

Gegen unverzinsliche Einlagen von 50 Lire an eröffnete die Bank jedermann ein Konto-Korrent und verpflichtete sich zur kostenlosen Zahlungsvermittlung unter den Teilnehmern dieser Einrichtung. Auf diese einmalige Einlage konnten weitere Einzahlungen erfolgen und der Berechtigte war in der Lage, jederzeit über sein Bankkonto beliebig zu verfügen. Wollte der aus dem Kontokorrent gegenüber der Bank Berechtigte z. B. an einen beliebigen Dritten Zahlung leisten, so stellte er ohne vorherige Benachrichtigung der Bank einen an diese zugunsten des Dritten gerichteten Zahlungsauftrag aus (mandato di pagamento) und übergab denselben dem Dritten; dadurch hatte der Aussteller der Urkunde seine ihm gegenüber der Zentralstelle zustehende Forderung auf eine Anzahl von Werteinheiten an diesen Dritten übertragen. Für diesen Zahlungsauftrag ergaben sich dann folgende Verwendungsmöglichkeiten: stand der Empfänger desselben nicht im Kontokorrentverkehr mit der Bank,

[1]) Relazione della Commissione Parlamentare d'Inchiesta 1868, vol. I parte II S. 159 ff.

so legte er den Zahlungsauftrag entweder der Bank vor und erhielt dann sofort den Betrag ausbezahlt, oder er übertrug die ihm aus der Urkunde der Zentralstelle gegenüber zustehenden Forderungsrechte ebenfalls weiter an eine vierte Person in der Form des Indossaments; stand der Besitzer des Zahlungsauftrages aber in Kontokorrentverkehr mit der Bank, so bot sich ihm neben diesen beiden Verwendungsmöglichkeiten eine dritte, er sandte die Anweisung zur Gutschrift an die Zentralstelle. Diese mandati di pagamento führten gewöhnlich die Bezeichnung polizze notate fedi und lassen sich am besten mit dem modernen Order-Check vergleichen.

Außer dieser Zahlungsvermittlung unter den Girokunden nahm die Bank beliebige Geldbeträge als unverzinsliches uneigentliches Depositum gegen Ausstellung folgender Urkunde in Empfang:

Regno d'Italia — Banco di Sicilia
Fede di credito
(Wappen von Savoyen)

Il Banco di Sicilia ha creditore..... N..... N..... per lire.... che pagherà in effettivo oro od argento contro la presente firmata.

(Bezeichnung des Ausgabeinstituts)

Die Bank bezeichnete also den Namen des Deponenten und die eingezahlte Summe und versprach den genannten Betrag jederzeit gegen Einhändigung der Urkunde an den in derselben bezeichneten oder dessen Giratar auszuzahlen. Diese certificati di deposito (Depositenscheine) hießen bei Beträgen von 50 Lire und darüber fedi di credito, bei Summen unter 50 Lire polizze oder polizzini.

Die polizzen konnten auf beliebige Summen innerhalb der Grenzen von 1—50 Lire ausgestellt werden, ebenso die fedi di credito auf beliebige Summen über 50 Lire. Eine feste Stückelung der Urkunden bestand daher nicht. Bei der Ausstellung der Fedi und Polizze benutzte die Bank die auf Filigranpapier hergestellten Formulare (s. oben), in die Betrag, Name und Datum eingetragen wurden. Die zur handschriftlichen Ausfüllung der Fedi benutzten Formulare waren in folgende Kategorien eingeteilt und die einzelnen Kategorien unter einander von verschiedener Farbe:

von Lire	50	bis	200
	201	„	500
	501	„	1000
	1001	„	2000
	2001	„	4000
	4001	„	6000
	6001	„	10000
	10001	und darüber.	

Fedi und Polizze waren wie die Zahlungsaufträge übertragbar durch Indossament; auch die Form des Blanco-Indossaments fand hierbei Verwendung. Gerade die letztere Form bot die Möglichkeit, daß diese Urkunden wie Inhaberpapiere zirkulieren konnten. Die Verwendung des Blanco-Indossaments erfuhr jedoch besonders bei Beträgen über 50 Lire eine erhebliche Einschränkung, da der Kassierer der Bank berechtigt war, bei der Einlösung der Urkunde die Unterschrift des letzten Inhabers zu verlangen und er außerdem Zahlungen an andere als ihm durch das Indossament bezeichnete Personen verweigern durfte. Infolge dieser von der Bank beim Akte der Einlösung gehandhabten Praxis hatte sich die Gewohnheit ausgebildet, daß jeder, der im Zahlungsverkehr eine fede di credito annahm, die Unterschrift seines Vorgängers verlangte, und damit verwandelte sich das Blanco-Indossament gewöhnlich schon nach dem zweiten Besitzwechsel in ein Namens-Indossament. Jedes im Zahlungsverkehr erworbene Certificat (di deposito) konnte also entweder weiter indossiert oder zur Einlösung der Bank vorgelegt werden, oder es konnte an die Zentralstelle zur Gutschrift eingesandt werden.

Die Verwendung der fedi di credito im Zahlungsverkehr durch einfache Übergabe, im Sinne der Stückzahlung, war ausgeschlossen, da die Zentralstelle die buchmäßige Übertragung der aus der Urkunde hervorgehenden Forderungsrechte vom Vorhandensein des Indossaments abhängig machte.

Die Übertragung von Forderungsrechten auf eine Anzahl von Werteinheiten bei der Bank mittels Indossierung der Depositenscheine (fedi di credito) läßt sich in Neapel bis 1601 zurückverfolgen und scheint für Neapel die älteste Form der Girozahlung darzustellen.

Ferner erklärte sich die Bank bereit, jedes Certificat im Betrage von 50 Lire an (fede di credito) auf Verlangen in „madre fede“ zu verwandeln d. h. als Basis für Eröffnung eines Kontokorrents zu behandeln. Die Certificate unter 50 Lire (Polizze) blieben von dieser Vergünstigung ausgeschlossen.

Aus dem Vorhergehenden ist ersichtlich, daß die Bank als Zentralstelle der neapolitanischen Zahlgemeinschaft zunächst die kostenlose Zahlungsvermittlung unter ihren Depositenkunden besorgte; dann ließ dieselbe aber auch Personen, die kein Konto bei ihr hatten, an dieser Einrichtung teilnehmen, da ja jeder an die Bank zugunsten eines Dritten gerichtete Zahlungsauftrag und ebenso jedes Certificat nicht unmittelbar an die Zentralstelle eingesandt werden mußte, sondern an beliebige Personen weiter girierbar waren. Die Bank ließ die Teilnahme von Nicht-Girokunden aus guten Gründen zu, denn durch die Möglichkeit der beliebigen Weiterindossierung der betreffenden Urkunden d. h. der beliebigen Verwendung im Zahlungsverkehr vermied es die Zentralstelle in den meisten Fällen, daß der Zahlungsauftrag zur Einlösung vorgelegt wurde, wenn sich derselbe im Besitze eines mit der Bank nicht im Giroverkehr Stehenden befand. Mit andern Worten, die Bank blieb länger im Genusse der eingezahlten Summen, und in dieser Hinsicht erwiesen die Certificate und Zahlungsaufträge der Zentralstelle genau dieselben Dienste wie die Banknoten den Notenbanken.

Wie sehr die Bank an einer zahlreichen Teilnahme am Giroverkehr interessiert war, geht daraus hervor, daß die dazu erforderliche Einlage nur 50 Lire betrug, daß ferner die Bank auf Antrag jede fede di credito (Certificat von 50 Lire an) als genügende Einlage für die Zulassung zur Teilnahme an der Giroeinrichtung behandelte, und die öffentlichen Kassen des Königreichs Beider Sizilien in den Provinzen die Certificate auf Wunsch in Metallgeld einlösten. Um den fedi di credito größere Verbreitung im Zahlungsverkehr zu verschaffen, war das Königreich Beider Sizilien der Bank ferner durch folgende gesetzlichen Bestimmungen zu Hilfe gekommen. Bei jedem auf dem Certificat vorgenommenen Indossament durfte der dieser Übertragung der Forderungsrechte gegenüber der Bank zugrunde liegende Vertrag namhaft gemacht werden, und derselbe erhielt Gültigkeit an dem Tage, an dem die Urkunde bei der Zentralstelle präsentiert wurde. In dieser Form erfolgte ein großer Teil der Verkäufe von Immobilien, da hierbei die Verwendung der sonst zur Vertragsausfertigung erforderlichen Stempelbogen und die Registrierkosten erspart blieben. Die Zentralstelle war allerdings genötigt, für peinlichste Registrierung und Aufbewahrung der eingegangenen Fedi Sorge zu tragen, da diese bei der Bank aufbewahrten Urkunden bei Rechtsstreitigkeiten die Funktion des Grundbuches zu erfüllen hatten.

Da die Bank von Neapel bei Errichtung des Königreichs Italien ein Zweig der Finanzverwaltung bis April 1863 blieb, so erfolgte die Verwaltung des Giroverkehrs für diese Zeit durch ein staatliches Organ.

Die in der Form der fedi di credito, polizze und polizze notate fedi erfolgenden Zahlungen kennzeichnen sich als juristische Übertragungen von Forderungsrechten auf Werteinheiten gegenüber der Zentralstelle Bank: girale Zahlungsmittel. Da der Staat selbst in die Girogemeinschaft eintrat, indem er die giralen Zahlungsmittel nicht nur an allen öffentlichen Kassen zur Leistung von Zahlungen zuließ, sondern sich selbst derselben bei seinen Zahlungen an Private bediente, gehören diese giralen Zahlungsmittel zu den staatlichen Zahlungsmitteln Italiens. Zum staatlichen Gelde gehören dieselben deshalb nicht, weil ihre juristische Bedeutung als Zahlungsmittel sich immer aus dem jeweiligen Text der Urkunde ergab: sie waren nicht chartal. Zwar nahm innerhalb der Zahlgemeinschaft jedermann girale Zahlungsmittel an, aber eine Verpflichtung dazu bestand nicht (fakultative Zahlungsmittel in akzessorischer Stellung).

Von der Bank von Neapel ausgegebene polizze und fedi di credito waren im Verkehr im Monat April für Lire:

1863	1864	1865	1866
126 562 215,27	116 729 898,43	85 168 537,68	96 580 710,93.

Da die Verwaltung des Giroverkehrs den einträglichsten Geschäftszweig darstellte, und da die Regierung an einer stetigen Gewinnsteigerung lebhaft interessiert war, wurde der Banco delle due Sicilie durch Dekret des Königreichs Beider Sizilien vom 7. April 1843 zur Errichtung von zwei Kassenstellen, eine in Messina, die andere in Palermo ermächtigt. Beide Kassen bildeten während der Revolution von 1848 den Banco nazionale di Sicilia und führten nach Lostrennung der beiden Kassen von der Verwaltung der Bank von Neapel am 13. August 1850 den Namen Direzione del Banco regio dei reali dominii al di là del Faro. Als Zweig der Finanzverwaltung ging auch diese Bank, die 1860 die endgültige Bezeichnung Banco di Sicilia angenommen hatte, im Jahre 1861 in die Finanzverwaltung des Einheitsstaates über und blieb darin bis August 1867, dem Zeitpunkt, an dem dieselbe ebenfalls für autonom erklärt wurde. Die Bank übernahm sofort unter Verwendung derselben giralen Zahlungsmittel wie in Neapel die Vermittlung des mittleren und großen Zahlungsverkehrs in den sizilianischen Provinzen, und der Staat trat auch hier in die Girogemeinschaft ein. Die Bedeutung der staatlichen giralen Zahlungsmittel auf Sizilien für den Zahlungsverkehr geht daraus hervor, daß die nach Gründung der Bank von September 1844 bis Ende 1859 benutzten Zahlungsmittel dieser Art 2 581 461 104,80 Lire gemünzter Zahlungsmittel ersetzten.

In der neapolitanischen und in der sizilianischen Zahlgemeinschaft vollzog sich also ein Teil des mittleren und großen Zahlungsverkehrs sowohl zwischen den Privaten allein als auch zwischen Privaten und Staat und umgekehrt ohne Benutzung gemünzter Umlaufsmittel, durch Verwendung staatlicher giraler Zahlungsmittel.

Seit Gründung des Königreichs lassen sich also die staatlichen Zahlungsmittel Italiens in zwei ihrem Wesen nach verschiedene Gruppen teilen. Die eine enthält die verschiedenen Arten des staatlichen Geldes in der althergebrachten Form von Gold-, Silber- und Bronzemünzen und Noten der italienischen und der toskaner Nationalbank; die andere enthält dagegen staatliche Zahlungsmittel, die kein Geld (Chartalstück) sind, in der Form giraler Urkunden, deren rechtliche Verwendung als Zahlungsmittel durch den jeweiligen Urkundentext bedingt ist.

§ 2. ITALIENS BEITRITT ZUM LATEINISCHEN MÜNZBUND UND DIE AUSBREITUNG DES EINSEITIGEN SYNCHARTISMUS.

Die in Italien vor 1862 nach dem Frankensystem hergestellten Gold- und Silbermünzen stimmten im wesentlichen mit den entsprechenden französischen und belgischen Münzen überein, da Belgien seit 1861 auch seine Goldmünzen nach französischem Vorbild ausprägte (Homochartismus).

Durch das Dekret vom 10. Januar 1861 erhielten alle französischen und belgischen nach dem Dezimalsystem hergestellten Gold- und Silbermünzen in den neapolitanischen und sizilianischen Provinzen Italiens bis auf weiteres die Eigenschaft, gesetzliches Zahlungsmittel zu sein (provinzieller einseitiger Synchartismus).

Da Italien nach 1861 valutarische Behandlung der Goldmünzen beabsichtigte, verlieh die Regierung aus Gründen der Zweckmäßigkeit durch Gesetz vom 23. März 1862 allen nach dem französischen System hergestellten Goldmünzen ohne Rücksicht auf das Gepräge den allgemeinen Annahmezwang innerhalb des ganzen Königreichs (einseitiger Synchartismus in bezug auf die allein in Betracht kommenden französischen und belgischen Goldmünzen, da die Schweiz damals kein Gold ausprägte).

Durch das italienische Münzgesetz vom 24. August 1862 wurden in den Artikeln 1 und 2, abgesehen davon, daß darin die Angabe des Feingehalts sich auf reines Gold bzw. Silber und nicht wie in Frankreich auf das Münzgut bezieht, im wesentlichen die in Frankreich geltenden Vorschriften über die Herstellung der Goldmünzen und des Silberscudos übernommen und dadurch der bisher zwischen den französischen, belgischen und in Italien vor 1862 hergestellten Goldmünzen und den zwischen den französischen, belgischen, schweizerischen und italienischen Fünf-Liretalern bestehende Homochartismus nicht durchbrochen.

Die vor 1860 münztechnisch gleichartige Herstellung der italienischen, französischen, belgischen und schweizerischen Silbermünzen von 2 Lire an abwärts hatte zunächst die Schweiz 1860 durch die Herabsetzung des Feingehaltes aller Silbermünzen unter 5 Franken von $^{900}/_{1000}$ auf $^{800}/_{1000}$ durchbrochen. Italien folgte diesem Beispiel 1862 durch die im Artikel 3 des Münzgesetzes ausgesprochene Herabsetzung des Feingehalts der Silbermünzen unter 5 Lire auf $^{835}/_{1000}$. Nachdem Frankreich 1864 den Feingehalt seiner Silbermünzen unter 2 Franken nach italienischem Vorbild ebenfalls auf $^{835}/_{1000}$ herabgesetzt hatte, waren zwar die italienischen und französischen Silbermünzen niederer Stückelung homochartal, abseits standen aber noch die Schweiz und Belgien. Erstere prägte die Silbermünzen unter 2 Lire zu $^{800}/_{1000}$ aus, letzteres noch zu $^{900}/_{1000}$, doch beschäftigte sich Belgien gleichfalls ernstlich mit der Frage eines wirksamen Schutzes seiner Silbermünzen niederer Stückelung.

Die 1861 erfolgte Verleihung des corso legale an die nach dem Dezimalsystem hergestellten Gold- und Silbermünzen Frankreichs und Belgiens innerhalb der süditalienischen Provinzen und ebenso die Einreihung aller nach dem Dezimalsystem geprägten Goldmünzen unter die gemünzten Zahlungsmittel Italiens wurden durch das Münzgesetz des Jahres 1862 nicht berührt, vielmehr stellte die in Art. 9 des betreffenden Gesetzes der Regierung übertragene Ermächtigung zur Einreihung auch anderer dem Münzgesetz entsprechender Münzen in das italienische Geldwesen eine weitere Ausdehnung des Synchartismus in Aussicht.

Der erste Schritt nach dieser Richtung erfolgte am

23. Dezember 1865 durch Italiens Teilnahme am lateinischen Münzbunde. Das Wesen des dem Münzbunde zugrunde liegenden zwischen den Staaten Frankreich, Italien, Belgien und der Schweiz abgeschlossenen Münzvertrages tritt deutlich hervor, wenn wir den Vertragsinhalt in seine beiden Hauptbestandteile zerlegen:

Die rein münztechnische Seite: Herstellung von nach Stoff, Maß und Gewicht übereinstimmenden Münzen unter Zugrundelegung des von Frankreich vertretenen und von den übrigen Vertragsstaaten anerkannten metrischen Systems.

Die lytropolitische Seite: diesen nach Maß, Stoff und Gewicht übereinstimmenden Münzen der Vertragsstaaten wird die rechtliche Eigenschaft verliehen, Bundesgeld zu sein.

Hieraus folgte für Italien, als einem der Vertragsstaaten, die völkerrechtliche Verpflichtung, einmal die vereinbarten münztechnischen Vorschriften des Münzvertrages zu beachten, wenn solche Münzen hergestellt werden sollten, d. h. Italien hatte seine über die Herstellung aller der im Münzvertrag erwähnten Münzen bereits erlassenen gesetzlichen Bestimmungen in Einklang mit den münztechnischen Bestimmungen des Münzvertrages zu bringen; dann alle das Gepräge der drei anderen Staaten tragenden Gold- und Silbermünzen in dem durch den Münzvertrag angeordneten Umfange als Bundesgeld zu behandeln.

Der Münzvertrag sollte am 1. August 1866 für die Vertragsstaaten wirksam werden. Getreu seinen eingegangenen völkerrechtlichen Verpflichtungen erließ Italien am 21. Juli 1866 — über 2 Monate nach Einführung des Zwangskurses der Banknoten — das Ausführungsgesetz zur Münzkonvention.

Die im italienischen Münzgesetz enthaltenen Vorschriften über Stückelung, Gewicht, Feingehalt und Durchmesser der italienischen Goldmünzen, des Silberscudos und der Silberteilmünzen stimmten bis auf geringe Gewichtsunterschiede der Goldmünzen zu Lire 100 und 50 in der fünften Dezimalstelle (das italienische 100 Lirestück wog $^{600}/_{1000}$ Gramm und das 50 Lirestück $^{300}/_{1000}$ Gramm weniger), mit den Vorschriften der Münzkonvention überein. Das italienische Ausführungsgesetz zur Münzkonvention brauchte daher an den im italienischen

Münzgesetz enthaltenen Vorschriften über die technische Herstellung der den Bestimmungen des Münzvertrages unterstehenden Gold- und Silbermünzen nichts zu ändern, besonders da der geringe Gewichtsunterschied der erwähnten italienischen Goldmünzen durch die bei der Herstellung zugelassene Fehlergrenze im Gewicht nicht in Betracht kam.

Eine Abänderung erfuhr das italienische Münzgesetz dagegen in Art. 10, der mit den Bestimmungen des Münzvertrages über das Passiergewicht der beiden Kurantgeldarten in Einklang gebracht werden mußte. Art. 3 des italienischen Ausführungsgesetzes zur Münzkonvention änderte daher den Art. 10 des Münzgesetzes dahin ab, daß die Goldmünzen und der Silberscudo an den Wechselämtern der Münzstätten nicht mehr als Zahlungsmittel, sondern als Metallmenge angenommen wurden, sobald die Abnutzung die festgesetzte Fehlergrenze um $^1/_2$ % bei den Goldmünzen und um 1 % beim 5 Liretaler überschritt. Im übrigen blieben die in Art. 10 des italienischen Münzgesetzes enthaltenen Münzbestimmungen weiterbestehen, daß alle bis zur Unkenntlichkeit verkommenen oder sonst absichtlich im Gewicht verringerten Münzen nach Überschreiten der Gewichtsfehlergrenze nur als Metallmenge an den staatlichen Kassen angenommen wurden.

Da das italienische Ausführungsgesetz zur Münzkonvention die Bestimmungen des Münzvertrages „voll und ganz" als geltendes Recht für das Gebiet des Königreiches verkündete, blieb der seit 23. März 1862 den goldenen Kurantmünzen Frankreichs und Belgiens im ganzen Königreich verliehene Kassenkurs weiter bestehen. Von den Fünfliretalern der Vertragsstaaten dagegen hatten rechtlich seit Januar 1861 nur die Stücke Frankreichs und Belgiens in Süditalien Kassenkurs, wenngleich dieselben tatsächlich von privaten und öffentlichen Kassen überall angenommen wurden. Der Münzvertrag räumte aber durch die Verleihung des Kassenkurses bezw. der Kurantgeldeigenschaft an die Silberscudi Frankreichs, Belgiens und der Schweiz innerhalb des ganzen Landes mit dieser nur für gewisse Provinzen bestimmten Einreihung fremder Münzen in das eigene Geldsystem auf.

Die juristische Eigenschaft, Bundesgeld zu sein, erhielten durch den Münzvertrag ferner die mit dem Feingehalt $^{835}/_{1000}$ herzustellenden Silberscheidemünzen der vier Vertragsstaaten durch die bekannte Bestimmung, daß jeder derselben die Silberscheidemünzen der anderen Staaten bis zum Betrage von 100 Lire bei jeder Zahlung an seinen Kassen annehmen mußte, ohne daß dadurch aber eine Erhöhung des auf 50 Lire für Zahlungen an Private festgesetzten Annahmezwanges für die eigenen Silberteilmünzen eines jeden Staates eingetreten wäre. Die von der Schweiz seit 1860 mit dem Feingehalt $^{800}/_{1000}$ hergestellten Stücke wurden in Italien bis 31. Dezember 1877 den von den andern Staaten geprägten rechtlich gleichgestellt. Die in Italien vorhandenen mit dem Feingehalt $^{900}/_{1000}$ geprägten Münzen der Vertragsstaaten wurden entsprechend den Bestimmungen des Münzvertrages am 10. Januar 1869 verrufen.

Ferner war Italien verpflichtet, seine Silberteilmünzen den andern Staaten oder deren Privaten bei Beträgen von mindestens 100 Lire gegen Kurantmünzen umzutauschen. Infolge Kontingentierung dieser Münzen auf 6 Franken pro Kopf der Bevölkerung wurde die in Art. 15 des italienischen Münzgesetzes vorgesehene Summe von 150 Millionen Lire auf 141 Millionen herabgesetzt, aber nach der Vereinigung der Provinzen Mantua und Venedig mit dem Königreich nach dem österreichischen Kriege auf 156 Millionen in folgender Verteilung festgesetzt:

30	Millionen	in	2	Lire-Stücken
70	„	„	1	„
49	„	„	$^1/_2$	„
7	„	„	$^1/_5$	„

Die von den lateinischen Münzgenossen, ferner die von den früheren italienischen Staaten seit 1803 und die von Italien für San Marino hergestellten 5-Liretaler behielten bis zur allmählichen Einziehung corso legale; ausgeschlossen aber sind die päpstlichen und bourbonischen Scudi und diejenigen der Republik Lucca. Neben den Silberteilmünzen der Staaten des Münzvereins haben Kassenkurs die 1898 für San Marino geprägten Silbermünzen und die vom Königreich in den Jahren 1864, 69, 75, 93 und 94 für die kleine Bergrepublik hergestellten Bronzemünzen zu 10 und 5 Cent.

Für Italien bedeutete die Bestimmung der Art. 2, 3 u. 5 der Münzkonvention, daß nämlich die baren Gold- und Silber-Kurantmünzen der Vertragsstaaten innerhalb der Bundesgrenzen als Kurantgeld, die Silberteilmünzen bis zu 100 Lire als Bundesgeld behandelt wurden, bezüglich seiner Goldmünzen Verwandlung des einseitigen in gegenseitigen Synchartismus,[1]) bezüglich des Silberscudos und der Silberscheidemünzen Begründung des gegenseitigen Synchartismus.

Hier erhebt sich die Frage: verstieß der italienische Staat durch die seit 2. Mai 1866 erfolgende valutarische Behandlung der Banknoten gegen seine völkerrechtlichen Verbindlichkeiten gegenüber Frankreich, Belgien und der Schweiz?

Bis 2. Mai 1866 waren in Italien die Goldmünzen Währungsgeld im engeren Sinne, da die Regierung damit alle Zahlungen letztlich leistete, seit 2. Mai sah sich die Regierung gezwungen, diese Funktion die Banknoten ausfüllen zu lassen, eine Geldart, deren Stellung im Zahlungsverkehr jedes Staates durch den Münzvertrag überhaupt nicht berührt wurde.

Von diesem Vorgang blieben aber die im Münzvertrag eingegangenen Bestimmungen über gleichmäßige Herstellung der Gold- und Silbermünzen der Vertragsstaaten völlig unberührt, da es sich hierbei lediglich um ein Vertauschen von Funktionen handelte; ebenso wurde an dem lytropolitischen Teil des Vertrages, der die Verleihung der rechtlichen Eigenschaft, Bundesgeld zu sein, an die übereinstimmend hergestellten Münzen enthielt, nichts geändert, da die staatlichen Kassen überhaupt alle Kassen in Italien nach der Währungsänderung mit größter Bereitwilligkeit die Gold- und Silbermünzen der Vertragsstaaten als Bundesgeld behandelten.

Der aus einer völligen Unklarheit über das Wesen des lateinischen Münzvertrages hervorgehende Vorwurf, Italien habe

---

[1]) s. K. Blaum, Das Geldwesen der Schweiz. S. 174 ff.

durch die Währungsänderung des Jahres 1866 die Bestimmungen des dem Münzbunde zugrunde liegenden Vertrages gebrochen bzw. abgeändert, entbehrt also jeder Berechtigung. Das trifft auch besonders für den von Cernuschi den Italienern in „Les projets“ (S. 20) gemachten, viel erwähnten Vorwurf zu: „Par votre papier-monnaie vous altérez les conditions du contrat qui vous lie; ou retirez le papier-monnaie, ou brisons la convention de 1865, et que chacun reprenne son indépendance, et . . . les écus de sa fabrication. — La France n'en fit rien; mais c'est assez“.

Die Einreihung fremdländischer Münzen in das italienische Geldsystem blieb nicht auf die im lateinischen Münzvertrag aufgezählten Stücke beschränkt, vielmehr erhielten auch folgende anderen ausländischen Goldmünzen Kassenkurs:

1871 die von Österreich neugeprägten 4- und 8-Guldenstücke gleich 10 und 20 Lire, die den Bestimmungen des italienischen Münzgesetzes entsprachen. Auf deren Stellung im österreichischen Geldwesen können wir hier nicht eingehen, erwähnen aber als feststehend, daß dieselben zu gewöhnlichen Zahlungen in Österreich nicht zu verwenden sind, also dort des allgemeinen Kassenkurses entbehren, sondern nur von den Zollkassen des Kaiserstaates in Zahlung genommen werden, vorausgesetzt, daß die Abnutzung der zur Zahlung verwendeten Stücke im ganzen eine bestimmte Gewichtsgrenze nicht überschritten hat;

1878 die Goldmünzen zu 20 und 100 Franken Monacos;[1])
1883 „ „ „ 10 und 20 Dinar Serbiens;[2])
1884 „ „ „ 20 Franken der Schweiz gemäß Münzkonvention;[3])
1891 „ „ „ 5 Rubel alten Systems und 7 Rubel 50 Kopeken neuen Systems von Rußland, beide gleich 20 Lire;[4])

[1]) Dekret vom 8. September 1878.
[2]) Dekret vom 18. Februar 1883.
[3]) Dekret vom 4. Mai 1884.
[4]) Dekret vom 11. September 1891.

1892 die Goldmünzen zu 10 und 20 Francs der Regentschaft Tunis;[1])
1893 „ „ „ 10 und 20 Lei Rumäniens.[2])

Durch die Verleihung des Kassenkurses wurden die erwähnten Goldmünzen zu Zollzahlungen verwendbar, und dadurch kam die Regierung in den Besitz des für Auslandszahlungen erforderlichen Goldgeldes, doch kommen wir darauf bei der Darstellung der Regulierung der intervalutarischen Kurse zurück.

---

[1]) Dekret vom 9. Juni 1892 (auf Grund d. Dekr. Beylicale v. 25. Kauda 1308 = 1. Juli 1891.)

[2]) Dekret vom 5. Februar 1893.

II. Teil.

DIE WÄHRUNGSÄNDERUNG VOM 2. MAI 1866.

§ 3. DIE VERLEIHUNG DES ZWANGSKURSES AN DIE NOTEN UND GIRALEN ZAHLUNGSMITTEL.

Ein fühlbarer Mangel an Metallgeld hatte sich in Italien schon 1855 bemerkbar gemacht, da infolge der Getreidemißernte Geld ins Ausland wanderte; dann auch durch die mit dem Übergange Sardiniens von der Silber- zur Goldwährung verbundenen Münzeinrufungen. Dieser Zustand dauerte auch 1856 an, noch verschärft durch die Teilnahme Sardiniens am Krimkriege. Erhöht wurde die Geldkrisis in den ersten beiden Monaten 1859 durch den drohenden Krieg mit Österreich, nach dessen Ausbruch die Noten der sardinischen Nationalbank Zwangskurs erhielten. Erneuter Mangel an gemünzten Zahlungsmitteln trat wieder während der Finanzkrisis des Jahres 1863 ein.

Unter dem Einfluß der großen Wirtschaftskrisis des Jahres 1865 machte sich Ende 1865 und Anfang 1866 bei der italienischen und der toskaner Nationalbank ein außerordentlich starkes Verlangen auf Beleihung von Staatspapieren geltend. Dies hing mit folgender Spekulationstätigkeit zusammen. Die Beleihung der billig im Ausland (Paris) gekauften italienischen Staatspapiere oder anderer Staatspapiere erfolgte seitens der betreffenden Banken in ihren Noten, und diese Noten wurden zur Einlösung in Metallgeld vorgelegt, das dann von den Spekulanten in großer Menge nach den Börsen von Marseille, Lyon und Genf versandt wurde.

Die Metallbestände der italienischen Nationalbank und der toskaner Nationalbank erwiesen sich als ungenügend zur Einlösung; die erstere verschaffte sich 152 Millionen, die letztere 2 Millionen Metallgeld aus dem Ausland. Zur Einschränkung der die Metallbestände der italienischen Nationalbank beraubenden Spekulation stellte die Bank am 10. Januar 1866 die Beleihung von Wertpapieren im Betrag von über 1000 Lire ein und verweigerte gleichzeitig die Diskontierung von Wechseln mit 2 Unterschriften, bei denen als Ersatz für die erforderliche dritte Unterschrift Wertpapiere hinterlegt werden durften, sobald die Wechsel den Betrag von 1000 Lire überschritten; später wurde die Summe auf 3000 Lire erhöht. Die Nationalbank für Toskana sah sich genötigt, im Januar und April 1866 je 2 Millionen Lire in Gold von Rothschild zu leihen.

Dazu kam, daß ausländische Banken in Voraussicht der politischen Ereignisse die in ihrem Besitz befindlichen italienischen Noten an Geschäftsfreunde in Italien zur Umwechslung in Gold oder ausländischen Banknoten sandten. Desgleichen wurden im April 1866 große Mengen italienischer Schatzscheine von ausländischen Banken auf den italienischen Börsen zu billigen Preisen loszuschlagen versucht, um deren Bezahlung wenigstens noch in Metallgeld zu erhalten. In Florenz wurden z. B. italienische Schatzscheine von auswärtigen Besitzern bei einem Verluste von 25 % vergebens angeboten. Nach den Berechnungen von Brot und Landau wurde auf den oberitalienischen Eisenbahnen vom 1. Juni 1865 bis 1. Mai 1866 Metallgeld

ausgeführt	für	119 753 063	Lire
eingeführt	„	65 599 000	„
	—	54 154 063	Lire

Am 20. April 1866 erfolgte die Ratifikation der Offensivallianz zwischen Italien und Preußen; wegen des baldigst erwarteten Kriegsausbruches wurden ungeheure Mengen von Noten zur Einlösung vorgelegt. Der damalige Generaldirektor der italienischen Nationalbank, Bombrini, machte in einem Schreiben vom 26. April 1866 den Finanzminister darauf aufmerksam, daß

die Nationalbank binnen kurzem nicht mehr in der Lage sein würde, ihre Noten einzulösen, zumal da große Summen von Depositengeldern von den Kunden zurückgezogen würden, teils aus allgemeinem Mißtrauen, teils zum Zwecke des Ankaufs der unter dem Einfluß der zu erwartenden kriegerischen Verwickelungen im Kurs erheblich gesunkenen italienischen Staatspapiere. Schon am 21. April hatte der Syndaco von Genua den Finanzminister auf die nach Beschränkung des Lombard- und Diskontogeschäfts seitens der Nationalbank eingetretene verzweifelte Lage der großen Handelshäuser und Industriellen Genuas hingewiesen und verlangte in einem späteren Schreiben inständigst als einziges Rettungsmittel die Einführung des Zwangskurses der Banknoten.[1])

Der Diskontsatz hatte 1865 bei der italienischen Nationalbank, bei der toskaner Nationalbank und der toskaner Kreditbank im Maximum 7, im Minimum 5 % betragen; bei der Bank von Neapel 8 und $5\frac{1}{2}$ %, bei der Bank von Sizilien $5\frac{1}{2}$ und $4\frac{1}{2}$ %. Mit Rücksicht auf die verzweifelte Lage von Handel und Industrie hatte die italienische Nationalbank nach Einschränkung des Lombard- und Diskontogeschäftes auf das Kampfesmittel einer weiteren Diskonterhöhung verzichtet, so daß auch in den ersten 4 Monaten 1866 bei den zuerst genannten drei Notenbanken der Diskont im Maximum auf 7 % blieb und im Minimum 6 % nicht überstieg. Dagegen trat bei der Bank von Neapel eine Diskonterhöhung im Maximum auf 9, im Minimum auf 6 %, bei der Bank von Sizilien auf $6\frac{1}{2}$ und $5\frac{1}{2}$ % ein. Die Metallreserven der Notenbanken betrugen in Millionen Lire

Ital. Nat.-Bank;	Toskan. Nat.-Bank;	
49,4	4,1	Ende April 1866
96,8	3,4	Ende Dez. 1866
Toskan. Kreditbank;	Bank v. Neapel;	
0,2	40,1	Ende April 1866
2,0	20,6	Ende Dez. 1866

[1]) Relazione della Commissione Parl. d'Inch. 1868 Volume II Dokument 6.

Bank von Sizilien

27,4 } Ende April 1866
19,1 } Ende Dez. 1866.

Auf der anderen Seite gestaltete sich die Finanzlage des Staates äußerst ungünstig. In den 5 Jahren von 1861 bis 1865 war ein Defizit in den Einnahmen von insgesamt 1998 Millionen Lire vorhanden, und für 1866 veranschlagte man dasselbe auf weitere 300 Millionen. Die zur Deckung des Defizits aufgenommenen konsolidierten Anleihen betrugen bis 1865 bereits 1700 Millionen Lire. Da Italien auf Grund der Offensivallianz mit Preußen sich zum Waffengang mit Österreich rüstete, war die Inanspruchnahme jedes weiteren ausländischen Kredites unmöglich.

Das Gesetz vom 1. Mai 1866 billigte die zur Verteidigung des Landes zu machenden Aufwendungen und ermächtigte die Regierung, die erforderlichen Summen durch außerordentliche Maßnahmen aufzubringen. Welcher Art diese Maßnahmen sein sollten, enthielt das an demselben Tage erlassene Dekret. Darnach mußte die italienische Nationalbank dem Staate 250 Millionen Lire als Darlehen vorstrecken; die Bezahlung dieser Summe an die Regierung hatte in Noten der italienischen Nationalbank zu erfolgen. Mit den 250 Millionen in Banknoten konnte der Staat zunächst nichts anfangen, da ein Annahmezwang für Private dafür nicht bestand. Deshalb erklärte Art. 3 des Dekrets, die Noten der Nationalbank müssen bei allen Zahlungen seitens des Staates an Private oder bei Zahlungen unter Privaten innerhalb der Landesgrenze wie Metallgeld zum Nennwert unbegrenzt in Zahlung genommen werden. Damit hatte der Staat seinen Zweck erreicht, denn jetzt waren diese Noten zu allen Zahlungen der öffentlichen Kassen an Private in beliebiger Höhe verwendbar. Im Zusammenhang mit dieser Bestimmung wurde die Nationalbank zwecks Schutzes ihrer Metallbestände vom 2. Mai ab von der Verpflichtung zur Einlösung ihrer Noten in Metallgeld befreit. Die von der Nationalbank dem Staat zur Verfügung gestellten mit $1^1/_2$ % verzinslichen 250 Millionen in Noten bedeuteten keine Erweiterung der durch die Statuten der Bank festgelegten

Höchstgrenze der Notenausgabe, da eine Erhöhung derselben für eigene Rechnung der Bank durch Art. 8 ausdrücklich verneint wurde.

Den beiden toskaner Notenbanken und den Banken von Neapel und Sizilien wurde das Recht zur Ausgabe ihrer Noten bzw. giralen Zahlungsmittel innerhalb der durch die Statuten vorgeschriebenen Grenze weiter zugesichert. Allgemeinen Annahmezwang wie die Noten der italienischen Nationalbank erhielten zunächst nur die giralen Zahlungsmittel der beiden süditalienischen Banken, aber nur innerhalb der neapolitanischen und sizilianischen Provinzen.[1]) Am 6. und 17. Mai erhielten dann die Noten der Nationalbank für Toskana und diejenigen der toskaner Kreditbank ebenfalls den allgemeinen Annahmezwang, aber auch hier nur innerhalb der toskanischen Provinzen. Noch nach Einführung des Zwangskurses behielten demnach die Noten der beiden toskaner Banken und die giralen Zahlungsmittel der beiden Zahlgemeinschaften ihren Charakter als Provinzialgeld. Rechtlich uneinlösbar waren nur die Noten der italienischen Nationalbank. Da hierin eine schwere Gefahr für die Metallbestände der anderen vier Banken lag, stellte Art. 4 denselben anheim, nach freiem Ermessen ihre eigenen Noten entweder in Metallgeld oder in Noten der italienischen Nationalbank einzulösen. Zwei Drittel der für den Notenumlauf der beiden toskaner Banken und der zur Einlösung der giralen Zahlungsmittel der beiden süditalienischen Banken bereitgehaltenen Metallreserven wurden gesperrt und bis zu diesem für jedes Institut genau festgestellten Betrag lieferte die italienische Nationalbank auf Verlangen ihre Noten, die die betreffenden Banken zur Einlösung ihrer etwa präsentierten eigenen Noten bereit hielten. Die auf

[1]) Dekret vom 1. Mai 1866, Art. 7. Le fedi di credito e le polizze dei Banchi di Napoli e di Sicilia saranno date e ricevute come danaro contante per il loro valoro nominale nei pagamenti effettuabili nelle provincie napoletane e siciliane rispettivamente, tanto tra l'Erario pubblico e i privati, Società e Corpi morali per qualsiasi titolo ed anche in conto o saldo di tributi o prestiti, quanto tra privati o Società e Corpi morali vicendevolmente tra loro, non ostante qualunque contraria disposizione di legge o patto convenzionale.

diese Weise den anderen Notenbanken zur Verfügung gestellten Noten wurden ebenfalls nicht zu den für eigene Rechnung ausgegebenen Noten der italienischen Nationalbank gezählt. Da die zur Einlösung ihrer Noten und giralen Zahlungsmittel verpflichteten Banken bei der Einlösung Noten der italienischen Nationalbank verwendeten, so waren die betreffenden Banken gegen die Spekulation der Privaten geschützt. Weniger rosig war in diesem Punkt die Lage der beiden toskaner und der süditalienischen Banken gegenüber der mächtigen italienischen Nationalbank! Bei letzterer konnten sich auf Grund ihrer über das ganze Land verzweigten Kassenstellen bedeutende Mengen von Noten oder giralen Zahlungsmitteln der andern vier Banken ansammeln und diese Noten konnte die italienische Nationalbank den andern Banken zur Einlösung (entweder in Noten der italienischen Nationalbank oder in Metallgeld) vorlegen. Verfügte die Bank gerade über eine dem Betrag der vorgelegten eigenen Noten entsprechende Summe von Noten der italienischen Nationalbank, so bereitete die Einlösung keine Schwierigkeiten, anders aber wenn die erforderlichen Noten der italienischen Nationalbank nicht vorhanden waren, dann war die betreffende Bank der Nationalbank gegenüber zur Einlösung d. h. Herausgabe von Metallgeld verpflichtet.

Zur Vermeidung ernstlicher Reibereien in dieser Beziehung zwischen den kleinen Notenbanken und der italienischen Nationalbank wurde die Einrichtung getroffen, daß die vier Banken in bestimmten kurzen Zeitabschnitten die an ihren Kassen eingegangenen Noten der italienischen Nationalbank gegen ihre eigenen an den Kassen der italienischen Nationalbank eingelaufenen Noten umtauschten (riscontrata). Der nach erfolgter Skontrierung zugunsten der italienischen Nationalbank übrigbleibende Betrag von Noten mußte in Metallgeld ausbezahlt werden. Es lag daher im Interesse jeder der vier Banken, sich einen möglichst großen Vorrat von Noten der italienischen Nationalbank zu verschaffen, was auch in der Weise geschah, daß diese Banken zu günstigeren Bedingungen wie die Nationalbank diskontierten und sich durch Wiederdiskontierung der so erhaltenen Wechsel bei der italienischen Nationalbank in den Besitz der erwünschten Noten setzten. Die fortwährende Diskontierung zahlreicher Wechsel seitens der vier Banken machte eine Vermehrung der eigenen Noten erwünscht, und hierin lag die eigentliche Ursache, welche die seitens der kleineren Notenbanken bald nach Einführung des Zwangskurses bei der Regierung mit Vorliebe unter dem Deckmantel der Erleichterung des Zahlungsverkehrs beantragte Erhöhung der eigenen Notenausgabe und dann die spätere eigenmächtige Erhöhung des Notenumlaufes über die gesetzliche Grenze hinaus veranlaßte.

Mit der Einführung des Zwangskurses war eine Änderung der Diskontsätze an jeder der fünf Banken von der Zustimmung der Regierung abhängig, eine Bestimmung, die oft verletzt wurde. Die italienische Nationalbank, die toskaner Nationalbank und die toskaner Kreditbank ermäßigten nach dem 1. Mai 1866 den Diskontsatz im Maximum von 7 auf 6%, die Bank von Neapel von 9 auf 7% und die Bank von Sizilien von $6^1/_2$ auf $5^1/_2$%.

Nach der Verleihung des allgemeinen Annahmezwanges an die Noten und giralen Zahlungsmittel der fünf Banken erhielt die Regierung das Recht, die Verwaltung der einzelnen Institute zu überwachen, deren Operationen einzuschränken und die Ausführung von Beschlüssen der Bankverwaltungen, die im Widerspruch mit den Statuten, Gesetzen oder den Interessen des Staates standen, zu verhindern.

Alle Zahlungen, die der Staat seit 2. Mai 1866 innerhalb Italiens leistete, erfolgten im ganzen Königreich in Noten der italienischen Nationalbank, außerdem in Toskana durch Benutzung der Noten der beiden toskaner Banken und in den neapolitanischen und sizilianischen Provinzen durch girale Zahlungsmittel, da der Staat aus der Girogemeinschaft nicht ausgetreten war.

Unbeschränkten Annahmezwang innerhalb des ganzen Königreichs hatten also zunächst die Goldmünzen und der Silberscudo, dann die Noten der italienischen Nationalbank; denn auch damit konnten Zahlungen in beliebiger Höhe geleistet werden (Kurantgeld).

Da auf Grund der Dekrete vom 1. und 6. Mai 1866 den

Noten der zwei toskaner Banken und den giralen Zahlungsmitteln der süditalienischen Banken der allgemeine Annahmezwang nur für die entsprechenden Provinzen verliehen worden war (regionalismo), so haben wir es hier mit Zahlungsmitteln zu tun, deren Verwendung zu Zahlungen in beliebiger Höhe, im Sinne von Kurantgeld, rechtlich nur innerhalb des gesetzlich genau festgelegten Gebietes möglich war (regionales Kurantgeld mit papierenen Platten bzw. girale Zahlungsmittel mit regional unbeschränktem Annahmezwang).

Rechtlich und tatsächlich uneinlösbar, definitiv, waren die Noten der italienischen Nationalbank, und da der Staat dieselben bei allen Zahlungen aufdrängte, waren diese das Währungsgeld im engeren Sinne. Daß die Noten der toskaner Banken und die giralen Zahlungsmittel hierfür nicht in Betracht kommen konnten, geht daraus hervor, daß dieselben zwar von den öffentlichen Kassen innerhalb der betreffenden Provinzen ebenfalls bei allen Zahlungen aufgedrängt wurden, aber nach Art. 4 des Dekrets vom 1. Mai 1866 nach Wahl des Ausgabeinstitutes entweder in Metallgeld oder Noten der italienischen Nationalbank einlösbar und damit nicht definitiv waren. Es wurde auch schon früher darauf hingewiesen, daß die Einlösung der eigenen Noten und giralen Zahlungsmittel seitens der 4 Banken nach außen d. h. gegenüber den Privaten auf Verlangen bereitwilligst in uneinlösbaren Noten der italienischen Nationalbank erfolgte, was zur Folge hatte, daß die Inhaber solcher Zahlungsmittel auf diesen zwecklosen Umtausch verzichteten.

Währungsgeld waren demnach seit 2. Mai 1866 ausschließlich die Noten der italienischen Nationalbank. Dagegen blieben zwar die Noten der beiden toskaner Banken und die giralen Zahlungsmittel wie vor der Währungsänderung in akzessorischer Stellung, stellten aber nach dem 2. Mai 1866 kein provisorisches fakultatives Notalgeld bezw. keine fakultativen giralen Zahlungsmittel mehr dar, sondern regionales papyroplatisches Kurantgeld bzw. girale Zahlungsmittel mit regional-unbeschränktem Annahmezwang. Die bisher valutarisch behandelten Goldmünzen rückten mit dem 2. Mai 1866 in die Reihe der schon seit 1861 in akzessorischer Stellung sich befindenden Fünflirestücke und sämtlicher Scheidemünzen ein.

Wieviel einfacher wäre die Schaffung der Staatsnote gewesen! Der standen aber zwei nicht zu beseitigende Hindernisse im Wege. Im Parlament scheute man sich, dem Staate das Recht zur Ausgabe von Staatsnoten zu geben im alten Aberglauben, daß damit maßlose Macht verbunden wäre. Im Parlament und in der Regierung war die aus der Auffassung der Note als Zahlungsversprechen hervorgehende Meinung verbreitet, daß die mit Zwangskurs und Uneinlösbarkeit ausgestatteten Noten privater Aktiengesellschaften im Auslande einer geringeren Entwertung ausgesetzt seien als die reine Staatsnote, deren Entwertung vom jeweiligen Stand des Staatskredites abhänge!

Die Artikel der Dekrete vom 1., 6. und 17. Mai 1866, die den Noten und giralen Zahlungsmitteln der fünf Banken den allgemeinen Annahmezwang verliehen, enthielten den für die Rechtsprechung von höchster Bedeutung werdenden Zusatz: „non ostante qualunque disposizione di legge o patto convenzionale.“ Damit wurden die gesetzlichen Bestimmungen über Verpflichtung zur Zahlung in Metallgeld außer Kraft gesetzt und die auf Zahlung in Metallgeld lautenden Verträge unter Privaten für wirkungslos erklärt.

Diejenigen Girokunden der beiden süditalienischen Zentralstellen, die nach der Währungsänderung ihr Bankguthaben zurückziehen wollten, erhielten zwar die dem Guthaben entsprechende Anzahl von Werteinheiten, da sich aber inzwischen die Währung verändert hatte, erfolgte die Auszahlung der fedi und polizze nicht mehr im alten eingezahlten Metallgeld, sondern im neuen Währungsgelde, den Scheinen der italienischen Nationalbank oder in anderen giralen Zahlungsmitteln. Eine Zurückziehung der Giroeinlagen in größerem Umfange trat daher nicht ein, da jeder Girokunde auf baldige Rückkehr zur alten Währung und damit auf Auszahlung in „moneta sonante“ hoffte. Die Zentralstelle behandelte also die Giroguthaben als Nominalschuld[1]),

---

[1]) Vgl. darüber G. F. Knapp, Staatliche Theorie des Geldes S. 12 ff.

und die Rechtsprechung der Gerichte bestätigte mit geringen Ausnahmen während der Übergangszeit diese Auffassung durch den in allen Urteilen übereinstimmend zum Ausdruck kommenden Rechtssatz, daß sämtliche Verträge auf Leistung von Zahlungen in Metallgeld für ungültig erklärt wurden, gleichgültig ob das Zahlungsversprechen vor oder nach Einführung des Zwangskurses abgeschlossen war. Der Staat proklamierte damit die Nominalität der Schulden d. h. alle Schulden, die bisher mit auf Lire lautenden Münzen bezahlt wurden, durften nach dem 2. Mai 1866 mit auf Lire lautenden Noten getilgt werden. Eine Ausnahme hiervon machte der Staat bei Bezahlung der Einfuhrzölle, die zum Zweck der Beschaffung des für die ausländischen Zahlungsverbindlichkeiten der Regierung unerläßlichen Metallgeldes in Gold oder Silbermünzen Italiens, dann des lateinischen Münzbundes entrichtet werden sollten.

Gleich wichtig und schwerwiegend war die Anwendung des Rechtssatzes der Nominalität der Schulden auf die dem kaufmännischen internationalen Zahlungsverkehr dienenden Wechsel, deren Bezahlung in Metallgeld nach dem 1. Mai 1866 gleichfalls verweigert werden durfte, selbst wenn die Verpflichtung zur Einlösung des Wechsels vor dem 1. Mai begründet worden war.

Bereits am 2. Juni 1866 meldete das italienische Konsulat in Stettin seiner Regierung, daß die Handelskammer von Elberfeld und Barmen die Aufmerksamkeit der preußischen Regierung auf die Verluste hinlenkte, die deutschen Kaufleuten durch die in Italien gesetzlich zugelassene Einlösung in Noten der vor dem 1. Mai akzeptierten und daher schon zirkulierenden Wechsel entstehen konnten. In dem Bericht des Konsulats[1]) wurde dann weiter darauf hingewiesen, daß die Handelskammer den deutschen Interessenten den Weg der Selbsthilfe empfahl in der Weise, daß die Bezahlung ausdrücklich in französischen oder englischen Gold- oder Silberkurantmünzen ausgemacht, oder in den Wechseltext die Klausel „pagabile in valuta sonante“ aufgenommen

---

[1]) Relazione d. Commissione Parlamentare d'Inchiesta 1868 vol. II. Dokument 59/61.

werden sollte. Beides Hilfsmittel, deren Wirksamkeit lediglich vom guten Willen des italienischen Wechselakzeptanten abhingen, da ja die italienischen Gerichte jede auf Grund von Privatverträgen erhobene Klage auf Zahlungserfüllung in Metallgeld abwiesen.[1])

Diese für den internationalen Zahlungsverkehr wichtigen Bestimmungen hatten zur Folge, daß ausländische Kaufleute entweder auf Italien als Absatzgebiet verzichteten oder, was häufiger war, die Preise der zu liefernden Waren, deren Bezahlung in italienischen Noten erfolgte, so steigerten, daß der aus dem Disagio der Noten entspringende Verlust aufgehoben wurde — eines der wenigen Beispiele, wo sich eine in unmittelbarem Zusammenhang mit der Einführung des Zwangskurses stehende direkte Preissteigerung nachweisen läßt.

Nach der erheblichen Preissteigerung der aus dem Auslande bezogenen Rohstoffe, Halb- oder Ganzfabrikate wurde für eine Reihe von Industriezweigen, deren natürliche Produktionsbedingungen im Lande selbst gegeben waren, die Herstellung gewisser Produkte lohnend, was besonders seit 1870 zum Aufblühen der norditalienischen Industrien und damit zu einer späteren Besserung der italienischen Zahlungsbilanz wesentlich beitrug. Der Zwangskurs wirkte hier wie ein Schutzzoll und stachelte nach dem Ausspruch des Präfekten von Piacenza die Italiener zu industrieller Betätigung an.

Die zur Untersuchung des Zwangskurses der Banknoten eingesetzte parlamentarische Kommission kam in ihrem 1868 erschienenen umfangreichen Bericht zu der Ansicht, die Einführung des Zwangskurses sei weder aus wirtschaftlichen, finanziellen oder politischen Gründen unbedingt erforderlich gewesen. Wirtschaftlich und finanziell deshalb nicht, weil die Wirtschaftskrisis schon in den ersten Monaten 1866 abflaute und sich alsbald bei der italienischen Nationalbank, bei der Bank von Sizilien und der großen Mailänder Sparkasse wieder beträchtliche Depositengelder angesammelt hatten; politisch deshalb nicht, weil die

[1]) Minghetti e Finali, Relazione sulla Circolazione Cartacea 1875; Capitolo I Contratti.

Ratifikation des Offensivbündnisses mit Preußen 10 Tage vor Einführung des Zwangskurses erfolgt war, sodaß die Regierung hätte voraussehen müssen, daß der Krieg nicht von langer Dauer sein konnte!

In der zweiten Sitzung der Deputiertenkammer vom 17. April 1868 nahm der frühere Finanzminister Marco Minghetti zur Ansicht der parlamentarischen Untersuchungskommission über die Berechtigung der Einführung des Zwangskurses Stellung und erklärte, daß die auf dem gesamten wirtschaftlichen Leben Italiens schwer lastende Krisis der Jahre 1865/66 die Regierung nicht zur Verkündigung des Zwangskurses veranlaßt hätte, daß vielmehr einzig und allein der unmittelbar drohende Kriegsausbruch die auf eine valutarische Behandlung der Noten völlig unvorbereitete Regierung zu diesem Schritt gezwungen hätte.

Die Ansicht der Untersuchungskommission über die Einführung des Zwangskurses zeigte also alle Merkmale von Urteilen unverantwortlicher Parlamentarier über einen seitens der verantwortlichen Leiter des Staates in kritischer Zeit gefaßten Beschluß.

§ 4. DIE FOLGEN DER WÄHRUNGSÄNDERUNG FÜR DEN ZAHLUNGSVERKEHR.

Die Tatsache, daß nach der valutarischen Behandlung der Banknoten (seit 2. Mai 1866) alle gemünzten Zahlungsmittel Italiens ein positives Agio erhielten, und aus dem Zahlungsverkehr verschwanden und die damit im Zusammenhang stehende oft äußerst verzweifelte Lage des Zahlungsverkehrs ließen in Erinnerung an das goldene Zeitalter der valutarischen Behandlung der goldenen 10- und 20-Lirestücke das Bestehen eines positiven Agios der Silbermünzen zu $^{900}/_{1000}$ Feingehalt vor der Währungsänderung fast in Vergessenheit geraten.

Die Möglichkeit der Agiobildung einer Geldart hängt von der jeweiligen funktionellen Stellung derselben im Geldsystem des Staates ab. So lange in Italien die Goldmünzen Währungsgeld waren d. h. so lange der Staat in der Lage war, den öffentlichen Kassen die zu einer aufdrängbaren Verwendung erforderlichen Goldstücke in genügender Menge zur Verfügung zu stellen, war die Bildung eines Agios bei den Goldmünzen unmöglich, da jeder sich diese Münzen z. B. durch Einlösung der in seinem Besitz befindlichen Noten bei den Notenbanken ohne weiteres verschaffen konnte. Dagegen stand der Bildung eines Agios bei den 5 Liretalern und den Silberscheidemünzen vor der Währungsänderung nichts im Wege, und das Münzgesetz vom Jahre 1862 hatte auch der Tatsache, daß diese in akzessorischer Stellung sich befindenden Silbermünzen bei dem damaligen hohen Londoner Silberpreis infolge vorteilhafter platischer Verwendbarkeit ein inneres positives Agio erzielen konnten und auch erzielten, in doppelter Weise Rechnung getragen.

Zunächst prägte die Regierung die 5 Liretaler nur auf Verlangen und für Rechnung der Privaten und lehnte jede Verpflichtung zur Lieferung solcher Stücke etwa gegen Goldmünzen auf Grund der definitiven Eigenschaft der beiden Kurantgeldarten ab, zumal sonst der Fiskus zum willkommenen Silberlieferanten der Agioteure geworden wäre. Denselben Zweck verfolgte dann die Ausmünzung der Silberscheidemünzen mit dem auf $^{835}/_{1000}$ herabgesetzten Feingehalt.

Bei einer Preisbewegung der Unze Standardsilber von $62\,^{1}/_{2}$ pence im Jahre 1859 bis zu $61\,^{1}/_{8}$ pence im Augenblick der Einführung des italienischen Zwangskurses — der zuletzt angegebene Silberpreis entspricht einem Wertverhältnis des Goldes zum Silber von 1 zu 15,43 — wurden der Silberscudo und die in Italien noch zahlreich vorhandenen vor 1862 mit dem Feingehalt $^{900}/_{1000}$ geprägten Silbermünzen unter 5 Lire nicht mehr als Zahlungsmittel, sondern als Metallplatte verwendet, bei deren Verkauf ein Preis erzielt wurde, der höher war als die Geltung; diese Münzen hatten ein positives inneres Agio und verschwanden daher aus dem Verkehr. Dieses innere auf dem hohen Silberpreis beruhende positive Agio der erwähnten Silbermünzen war also in Italien längst vor Einführung des Zwangskurses der Noten eine als lästig bemerkte

Erscheinung und blieb auch nach der Währungsänderung weiter bestehen.

Die Ursachen der große Besorgnis erregenden Erscheinung, daß nach der Währungsänderung sämtliche gemünzten Zahlungsmittel aus dem Verkehr verschwanden, besonders auch die Goldmünzen, stellen wir im folgenden für die einzelnen Münzarten fest.

Eine gewinnbringende metalloplatische Verwendung der Goldmünzen war bei den damaligen verhältnismäßig niedrigen Goldpreisen zu einer Zeit, da sich in Frankreich diese Münzen in den öffentlichen Kassen stauten, ausgeschlossen; ihr Verschwinden konnte also nicht auf die Wirkungen des Metallmarktes zurückgeführt werden. Die Ursache lag vielmehr in dem Umstand, daß die Währungsänderung den Goldmünzen die mit der Teilnahme Italiens am lateinischen Münzbund erworbene rechtliche Eigenschaft, Bundesgeld zu sein, nicht nahm, vielmehr diese Eigenschaft potenzierte, weil durch das Versagen des bisherigen Goldlieferanten Staat die Nachfrage bei Zahlungen nach den Staaten des Münzbundes sich auf diese Goldmünzen konzentrierte, da der Silberscudo wegen seines inneren Agios hierfür nicht in Betracht kam, und das neue Währungsgeld, die Noten, rein nationales Geld waren. Da es sich hierbei also um Beschaffung von goldenen synchartalen Kurantmünzen des Bundes handelte, hing die Bildung eines Agios, des synchartalen Agios, von dem Preis ab, der in Italien im valutarischen Notengeld für goldene Kurantmünzen des Bundes bezahlt werden mußte, also von dem zwischen Italien und den anderen Staaten des Münzbundes herrschenden intervalutarischen Kurse.

Der jeweilige Stand dieses Kurses wurde durch eine Reihe merkantiler Erscheinungen bedingt, so durch die italienisch-internationale Zahlungsbilanz, für die ihrerseits wieder in der Hauptsache die italienisch-internationale Handelsbilanz bestimmend war, dann durch eine Reihe psychologischer Momente, Stimmungen z. B. äußere und innere politische Vorgänge und anderes mehr.

Die für die Gestaltung der Zahlungsbilanz wichtige Handelsbilanz Italiens zeigte folgendes unerfreuliche Ergebnis (in Millionen Lire):

	Einfuhr	Ausfuhr	Überschuß der Einfuhr	Überschuß der Ausfuhr
1866	870,0	617,07	252,3	—
1867	885,9	740,0	145,9	—
1868	896,6	787,1	109,5	—
1869	936,5	791,6	144,9	—
1870	895,7	756,3	139,4	—
1871	963,7	1085,5	—	121,8
1872	1186,6	1167,2	19,4	—
1873	1286,7	1133,2	153,5	—
I. Halbj. 1874	692,1	526,5	165,6	—

Besonders ungünstig wurde die Zahlungsbilanz nach Einführung des Zwangskurses außerdem dadurch beeinflußt, daß die Bezahlung der unter der Wirtschaftskrisis des Jahres 1865 und auch im Zusammenhang mit der Währungsänderung von italienischen Spekulanten in Paris billig gekauften italienischen Staatspapiere große Beträge von Metallgeld nach Frankreich wandern ließ; nach den Aufstellungen von Dinar waren im Mai 1866 noch für 100 Millionen italienischer Rente in ausländischem Besitz, bald nach der Währungsänderung nur noch für 50 Millionen! In derselben Richtung wirkte die in Metallgeld seitens des Staates erfolgende Bezahlung der vom Ausland während des Krieges von 1866 für Heer und Marine erfolgten Lieferungen.

Von günstigem Einfluß dagegen war für die unter dem stetigen Überschuß der Einfuhr über die Ausfuhr nahezu chronisch werdende passive Zahlungsbilanz einmal das durch den Reiseverkehr in das Land strömende Geld, das 1867—68 auf 80 Millionen Lire geschätzt wurde, dann der aus dem Betrieb der Seeschiffahrt, hauptsächlich der Küstenschiffahrt erzielte Gewinn, der für 1866 bei einer Handelsflotte von 16111 Segeln und 99 Dampfschiffen nicht auf unter 200 Millionen berechnet wurde. Hierher gehört noch der günstige Einfluß der besonders in England und Frankreich untergebrachten italienischen Staatsanleihen, deren jeweilige Unterbringung im Ausland mit einer Steigerung der Ausfuhr gleichbedeutend war.

Aus allen den angeführten merkantilen und psychologischen Erscheinungen ergab sich ein Wechselkurs an der Börse zu Mailand:

	Devise Paris		Devise London	
1866	Maximum	Minimum	Maximum	Minimum
Januar	99,75	99,70	24,86	24,77
Februar	99,75	99,75	24,88	24,80
März	99,75	99,70	24,96	24,88
April	99,85	99,75	25,04	24,90
Mai	107,50	100,50	26,70	25,10
Juni	119,75	107,75	29,70	26,75
Juli	120,00	106,50	29,70	26,65
August	108,50	106,75	27,10	26,50
September	104,80	103,75	26,25	26,05
Oktober	105,90	104,70	26,60	26,25
November	105,80	105,20	26,55	26,36
Dezember	105,60	105,30	26,47	26,43
1867				
Januar	105,45	104,70	26,44	26,20
Februar	104,95	104,70	26,32	26,20
März	105,15	104,70	26,40	26,23
April	112,25	104,90	28,10	26,35
Mai	109,75	105,15	27,55	26,42
Juni	105,90	104,70	26,57	26,22
Juli	106,85	105,85	26,76	26,55
August	106,60	106,30	26,78	26,62
September	107,00	106,55	26,95	26,74
Oktober	111,20	107,30	27,78	26,98
November	111,05	110,30	27,89	27,70
Dezember	113,50	110,90	28,45	27,83
1868				
Januar	115,15	113,75	28,90	28,53
Februar	114,50	113,95	28,83	28,75

Aus dem mitgeteilten italienisch-französischen intervalutarischen Kurse an der Mailänder Börse geht hervor, daß in den ersten vier Monaten 1866 dieser Kurs bei einem Maximum von 99,85 für Italien günstig war, nach dem 2. Mai aber mit einem Maximum von 107,50 im Mai, von 119,75 im Juni und von 120 Lire im Juli sich dauernd ungünstig für das Königreich gestaltete und sofort im Preise des 20-Lirestückes zum Ausdruck kam.

Das synchartale Agio der Goldmünzen setzte im Mai 1866 mit durchschnittlich 6,33 % ein, stieg im Juni auf 20½ und im Juli auf 19,37 %.

Unter Berücksichtigung des Preises des 20-Lirestückes an der Börse zu Florenz (nach 1870 an der Börse zu Rom) betrug das synchartale Agio der Goldmünzen in Prozenten:

	Jahresmittel	Maximum	Minimum
1866 seit 1/V.	7,81	20,50	1,25
1867	7,37	13,40	4,87
1868	9,82	15,15	5,20
1869	3,94	5,72	2,02
1870	4,50	12,10	1,72
1871	5,35	7,30	3,85
1872	8,66	14,95	6,70
1873	14,21	17,65	10,00
1874 I. Halbjahr	14,03	16,95	9,50
II. Halbjahr	10,48	11,35	9,75
1874	12,25	16,95	9,50

Während also das synchartale Agio der Goldmünzen im wesentlichen von dem jeweiligen Stand der intervalutarischen Kurse, besonders des italienisch-französischen abhing, wurde auch die Einwirkung psychologischer Momente auf die Höhe dieses Agios vom Finanzminister M. Minghetti unter Zugrundelegung des Preises des 20-Lirestückes an der Börse zu Genua für folgende Fälle nachgewiesen; dabei tritt auch deutlich hervor, daß alle Versuche, die Höhe des (synchartalen) Agios mit der

Menge der ausgegebenen Noten in unmittelbaren Zusammenhang zu bringen, völlig unzutreffend und unhaltbar sind.

Nach der Schlacht bei Lissa stieg das Agio des 20-Lirestückes auf 18,75 %, sank nach dem Friedensschluß, der die Provinzen Mantua und Venedig mit dem Königreich vereinigte auf 5 % und pendelte von September 1866 bis März 1867 mit geringen Ausschlägen um diesen Standpunkt hauptsächlich wegen der damals im ganzen Land und auch im Parlament verbreiteten Meinung, die Abschaffung des Zwangskurses stünde unmittelbar bevor. Die mit der Abdankung des Ministeriums Ricasoli und dessen Ersatz durch das Ministerium Ratazzi verbundene innerpolitische Erregung trieb das Agio im April 1867 auf 9,50 %, das aber nach dem im Mai 1867 veröffentlichten Finanzexposé und nach dem von Ferrara vorgebrachten Vorschlag über die Abschaffung des Zwangskurses auf 6 % zurückging, während gleichzeitig die Notenausgabe 666 Millionen erreichte.

Die ernsten politischen Vorgänge zu Beginn des Jahres 1868: die Niederlage der Freischaren Garibaldi's bei Mentana im Kirchenstaat und die Einrufung einiger Jahrgänge Reservisten hatten ein Steigen des Agios im Januar 1868 auf 14,5 % zur Folge; dabei kam auch die Ministerkrisis zur Wirkung, infolge der das Ministerium Ratazzi durch dasjenige Menabrea's ersetzt wurde. Trotzdem die Notenmenge von Ende Januar bis Ende Juni 1868 auf 924 Millionen angewachsen war, ging das Agio in dieser Zeit auf 7,5 % zurück, um von August 1868 bis Ende August 1869 noch weiter zu sinken und nach der gesetzlichen Beschränkung der Notenausgabe der italienischen Nationalbank durch den Staat bei 2,75 % vorläufig Halt zu machen.

Während in den ersten 6 Monaten 1870 das Agio infolge kaum schwankender Wechselkurse nur 2 % betrug, trieb im Juli der Ausbruch des Krieges zwischen Frankreich und Deutschland dasselbe zunächst auf 6,50 % und dann im August 1870, als eine Verwicklung Italiens in den Krieg nahelag, auf 7,75 %; nach der Schlacht von Sedan und der daran anschließenden Besetzung Roms durch italienische Truppen ging dasselbe rasch auf 5,25 % zurück und fiel nach dem Friedensschluß zwischen Deutschland und Frankreich auf 4,25 %. Nach der Verleihung des Zwangskurses an die Noten der Bank von Frankreich machte sich infolge des auch dort auftretenden allerdings nur unbedeutenden synchartalen Agios ein geringer Zufluß französischer Münzen in Italien bemerkbar.

Auffallend war, daß im ersten Halbjahr 1871 das Agio trotz der für Italien günstigen Handelsbilanz auf 7,50 % stieg. Dies findet aber seine Erklärung darin, daß der schlechte Eindruck der im Juni vom Staate mit der italienischen Nationalbank abgeschlossenen Konvention wegen Gewährung einer neuen Anleihe von 150 Millionen in Noten und die damit unerläßlich werdende weitere Erhöhung des Notenumlaufes auf 1213 Millionen die Stimmung an der Börse entsprechend beeinflußte. Durch das von Mai 1871 bis Mai 1872 einsetzende Gründungsfieber der italienischen Banken wurde das Agio bis auf 11,50 % gehoben, mitbedingt allerdings durch die wegen Aufbringung der Kriegsentschädigung von Frankreich in großen Beträgen nach Italien abgestoßenen italienischen Rente.

1873 stand Italien unter dem Einflusse der im Mai in Wien ausgebrochenen Börsenkrisis und der im Oktober in den Vereinigten Staaten von Nordamerika zum Ausbruch gekommenen Geldkrisis; besonders machte sich auch die Erhöhung des Diskontes an der Bank von England auf 9 % und die in Deutschland das ganze Jahr anhaltende Geldkrisis bemerkbar. Dazu war schon 1872 die Getreideernte und auch 1873 die Weinernte in Italien schlecht ausgefallen: das Agio stieg auf 16,50 %. Obgleich aber die Notenausgabe 1873 von 1385 auf 1473 Millionen anwuchs, sank das Agio Ende Dezember des Jahres auf 15,75 %! — Dasselbe stieg dann 1874 zunächst auf 16,50 % ging aber nach der baldigst erwarteten gesetzlichen Neuregelung des ganzen Notenwesens (Bildung des Konsortiums der Notenbanken) auf 10,25 % zurück.

Das Sinken des synchartalen Agios der Goldmünzen Ende 1868 und die im Vergleich zu den übrigen Jahren auffallend geringe Höhe desselben im Jahre 1869 mit einem Maximum von nur 5,72 % und einem Minimum von 2,02 % ist lediglich auf folgende die internationale Zahlungsbilanz Italiens günstig beeinflussenden Vorgänge zurückzuführen. Das Jahr 1868 hatte infolge guter Ernten eine starke Ausfuhr landwirtschaftlicher Erzeugnisse, besonders von Hanf, Seide, Getreide, Reis und Olivenöl zu verzeichnen; dazu trat eine starke Nachfrage des Auslandes ein nach dem in Italien gewonnenen Schwefel und nach den Produkten der wieder auflebenden venetianischen Glasindustrie, den Perlen von Venedig. Die Abwicklung dieser Handelsgeschäfte wurde in ihrer Wirkung bezüglich einer Verschiebung der internationalen Zahlungsbilanz zugunsten Italiens ferner dadurch wesentlich unterstützt, daß 1869 die ausländischen Zeichner von Obligationen der italienischen Tabakregie den gezeichneten Betrag nach Italien senden mußten. Die mit Abwicklung dieser Handelsgeschäfte eingetretene Verbesserung der italienischen Zahlungsbilanz kam in dem zwischen Italien und den an der Einfuhr italienischer Erzeugnisse in größerem Umfange beteiligten und die Masse der Zeichner der italienischen Obligationen enthaltenden Ländern wie z. B. Frankreich bestehenden intervalutarischen Kurse zum Ausdruck d. h. ein Sinken des an den Börsen Italiens für goldene Kurantmünzen des Bundes zu bezahlenden Preises bedeutete eben ein Sinken des synchartalen Agios des 20-Lirestückes.

Der Stand des Handels im weiteren Sinne der Zahlungsbilanz und Einfluß mannigfacher psychologischer Momente an der Börse waren also die das jeweilige Steigen oder Fallen des synchartalen Agios bestimmenden Kräfte. Wir mußten darauf ausführlicher eingehen, weil es nicht an Versuchen gefehlt hat, dieses in Italien nach der Währungsänderung des Jahres 1866 so auffällig in die Erscheinung getretene Agio nach der allerdings viel einfacheren Schablone der Quantitätstheorie zu erklären: Vermehrung der Notenausgabe habe zur Folge Erhöhung des Agios!

Wie wenig die in dieser Richtung gemachten Versuche der Wirklichkeit Rechnung trugen, zeigt folgende Gegenüberstellung:

Höhe des Agios in Prozenten:			Betrag umlaufender Noten:
Ende	Juni 1866	18,75	433 Millionen Lire
„	Dez. 1866	5,25	612 „ „
„	April 1867	9,50	629 „ „
„	Juni 1867	5,50	701 „ „
„	April 1868	11,50	845 „ „
„	Juni 1868	7,50	924 „ „

Das aus der vorteilhaften platischen Verwendbarkeit hervorgehende positive innere Agio des 5-Liretalers bestand nach der Währungsänderung entsprechend der hohen Londoner Preisnotierung des Silbers weiter. Dazu erhielt der Silberscudo nach dem 2. Mai 1866 aus den bei den Goldmünzen erwähnten Ursachen noch ein synchartales Agio, das aber gegenüber dem inneren Agio zunächst nicht bemerkt wurde. Dasselbe Schicksal teilten die bis Anfang Januar 1869 umlaufenden mit dem Feingehalt $^{900}/_{1000}$ geprägten Silbermünzen unter 5 Lire. Erst als mit andauernd sinkenden Silberpreisen seit 1873 das positive innere Agio des 5-Liretalers verschwand und dann negativ wurde, machte sich das synchartale bemerkbar, denn der Silberscudo konnte sich auch nach diesem Zeitpunkt nicht mehr im Verkehr halten, trotzdem ein Verkauf desselben als Metallmenge dem Inhaber nur Verlust gebracht hätte.

Negatives inneres Agio wegen des absichtlich verringerten Feingehaltes hatten von Anfang an die zu $^{835}/_{1000}$ ausgeprägten Silberteilmünzen. Gegenüber den Goldmünzen betrug dies innere Disagio $6^1/_2$ %. Betrug das synchartale Agio des 20-Lirestückes mehr wie $6^1/_2$ % oder, was auf das Gleiche herauskommt, betrug das negative Agio der Noten im Vergleich zum 20-Lirestück mehr wie $6^1/_2$ % — was mit Ausnahme des Jahres 1869 meistens der Fall war, — so erzielten diese Silberteilmünzen ein auf dem synchartalen Agio des 20-Lirestückes beruhendes, also ebenfalls synchartales Agio, das sich auch in den Jahren 1866 bis 1878 mit einer Durchschnittshöhe von 9,50 % einstellte.

Für 100 Lire in silbernen Scheidemünzen mußte an der Börse zu Mailand über den Nennwert ein Aufgeld (Agio) bezahlt werden von Lire:

1866	Maximum	Minimum
Juli	11,50	6,50
August	8,00	5,00
September	5,25	4,00
Oktober	5,25	4,50
November	5,50	4,75
Dezember	5,25	4,75
1867		
Januar	4,75	4,25
Februar	4,75	4,25
März	4,85	4,25
April	10,50	4,50
Mai	8,75	5,00
Juni	5,50	4,50
Juli	6,75	5,50
August	6,40	6.10
September	6.85	6,30
Oktober	10,30	6,75
November	10,50	9,50
Dezember	12,50	10,20
1868		
Januar	14,70	13,60
Februar	14,50	13,50
März	13,90	9,50

Die im Münzvertrag auf 100 Lire festgesetzte Annahmegrenze für Zahlungen an die öffentlichen Kassen verlor nach Einführung des Zwangskurses jede Bedeutung, da diese Münzen nicht nur von den Privaten der Vertragsstaaten, sondern wie z. B. in Frankreich auch von den öffentlichen Kassen unbeschränkt in Zahlung genommen wurden. Die infolgedessen eintretende Überschwemmung besonders der französischen Kassen mit italienischen Silberteilmünzen hatte erheblichen Anteil an der Herbeiführung der Silberobstruktion in Frankreich. Die im italienischen Zahlungsverkehr eingenommenen Silberscheidemünzen wurden innerhalb der Landesgrenzen nicht mehr als Zahlungsmittel, sondern als Ware verwendet; man verkaufte dieselben entweder zum Tagespreise oder benutzte dieselben, wie die italienischen Eisenbahngesellschaften es taten, zur Erfüllung der in den Staaten des Münzbundes fälligen Verbindlichkeiten, zur Auszahlung von Zinsen und Gewinnanteilen.

Nach dem raschen Verschwinden der silbernen Scheidemünzen wurden auch die italienischen Bronzemünzen in den an Italien grenzenden Provinzen Frankreichs im Geschäftsverkehr ohne weiteres angenommen und konnten auch nach der Schweiz das 10-Centesimi-Stück zu 9 Centimes, das 5-Centesimi-Stück zu 4 Centimes, selbst bei hohen Beträgen zu Zahlungen verwendet werden. Die Bronzemünzen erhielten daher gegenüber dem Papiergeld ebenfalls ein Agio, das durchschnittlich 3 bis 3 $^1/_2$ %, betrug, zuweilen jedoch auf 10 und 12 %, 1868 sogar auf 15 % pro 100 Lire stieg. Mit italienischen Bronzemünzen wurde ebenso wie mit den italienischen Silberteilmünzen ein schwungvoller Handel getrieben. Auf Karren wurden dieselben von Turin nach Nizza, mit der Eisenbahn und auf dem Seewege nach Marseille und in Fässern über den Simplon nach Lyon und ebenso in die angrenzenden Schweizerkantone Tessin und Graubünden verschickt, wo dieselben gegen einen Abzug von 6—7 % stets in Gold oder Silbermünzen umtauschbar waren, die nach Italien zurückgebracht infolge ihres hohen synchartalen Agios einen erheblichen Gewinn abwarfen. Die Agioteure machten auf Kosten der Gesamtheit glänzende Geschäfte. Ein Bericht der Unterpräfektur von Sora bezeichnete als Hauptagioteure die Monopolisten des gemünzten Geldes, die Kapitalisten, die ihr Metallgeld in großen Beträgen verkauften, dann die kleinen Kaufleute, die beim Absatz ihrer Waren in den Besitz von Metallgeld kamen, ferner Postbeamte (!) und endlich die Lottoeinnehmer und die Inhaber von Verkaufsstellen des in Regie stehenden Salzes und Tabakes. Die Regierung traf nur diejenigen Vorkehrungen, die den Fiskus in seiner Stellung als Inhaber des Postmonopols und als Rentenschuldner unmittelbar vor der Spekulation der Agioteure schützen sollte.

Die eine Gefahr lag darin, daß Zahlungen nach dem Ausland speziell nach Frankreich und der Schweiz mittels Postanweisung zu bewerkstelligen waren, und daß nach Einführung des Zwangskurses die Post als staatliche Kasse gezwungen gewesen wäre, den Betrag der Postanweisungen in italienischen Noten anzunehmen, während sie selbst denselben der ausländischen Postbehörde in klingender Münze, innerhalb des Gebietes des Münzbundes in Bundesmünzen oder in auf den Gläubigerstaat lautenden Tratten auszahlen mußte. Zur Vermeidung der hieraus entspringenden Verluste ordnete der Finanzminister telegraphisch an, daß Postanweisungen ins Ausland nach dem 2. Mai 1866 nur angenommen werden durften, wenn die Einzahlung des Betrages in Metallgeld erfolgte, wodurch größere Verluste rechtzeitig vermieden wurden.

Im Gegensatz hierzu erlitt der Fiskus als Rentenschuldner ganz erhebliche Verluste, da nach der Währungsänderung die italienischen Banken große Mengen von Zinsscheinen der italienischen Rente nach Paris zur Einlösung sandten, die seitens des italienischen Staates in Kurantmünzen des Bundes erfolgte, also in einer Geldart, die sich der Fiskus größtenteils selbst unter Bezahlung des jeweiligen Agios verschaffen mußte. Durch das Ministerialdekret vom 10. Januar 1873 wurde deshalb den italienischen Notenbanken verboten, die in ihrem Besitz sich befindenden italienischen Zinsscheine zu Zahlungen ins Ausland zu verwenden, und am 1. Januar 1874 wurde außerdem angeordnet, daß die Einlösung der in Paris vorgelegten italienischen Zinsscheine nur erfolgen durfte, wenn der Einlieferer die eidesstattliche Versicherung abgab, daß die Zinsscheine nicht von italienischen Staatsbürgern herrührten (Affidavit).

Seinen gegenüber den ausländischen Rentengläubigern eingegangenen Verpflichtungen auf Zahlung der Zinsscheine in Metallgeld kam der Staat unter Darbringung großer Opfer nach. Das dazu erforderliche Metallgeld mußte also unbedingt beschafft werden. Die eine Bezugsquelle dafür bildeten die in Metallgeld zu zahlenden Einfuhrzölle, eine weitere suchte sich die Regierung dadurch zu verschaffen, daß sie sich bereit erklärte, die zur Ausmünzung eingelieferten Gold- oder Silbermengen entweder wie bisher in den entsprechenden Kurantmünzen oder in valutarischen Noten zu bezahlen. Wer z. B. ein kg feinen Goldes einlieferte, erhielt dafür auf Verlangen entweder 3447 Lire in Goldmünzen oder in Noten den Preis, den ein kg feinen Goldes an dem betreffenden Tage auf dem Goldmarkte in valutarischen Noten erzielte. Von den in der Zeit vom 1. Mai 1866 bis 31. März 1868 eingelieferten Gold- und Silbermengen wurden insgesamt für 1330816,81 Lire anstatt in silbernen oder goldenen Kurantmünzen in Banknoten bezahlt, wobei aber die Regierung außerdem die aus dem jeweiligen Tagespreis der beiden Edelmetalle im valutarischen Notengeld und dem gesetzlich festgelegten Einkaufspreis hervorgehende Differenz von 97739,96 Lire bei obiger Summe den Interessenten vergüten mußte; eine Differenz, die sich als Gold- oder Silberprämie bemerkbar machte. Zur Bezahlung der Prämie hatte sich die Regierung entschließen müssen, da nach der mit Einführung des Zwangskurses verkündeten Uneinlösbarkeit der Noten der Preis der Ware Gold und Silber ausgedrückt im neuen valutarischen Notengeld den Schwankungen des Edelmetallmarktes folgte. Das aus den beiden Quellen der Regierung zufließende Metallgeld reichte bei weitem nicht; der Finanzminister mußte sich zur Einstellung von Beträgen in das Budget für die Bezahlung des bei Beschaffung des erforderlichen Metallgeldes zu vergütenden Agios entschließen, für 1869 z. B. 20 Millionen Lire.

Das anti-soziale Treiben der Agioteure führte, wie wir noch sehen werden, zu unerträglichen Zuständen im mittleren und besonders im kleinen Zahlungsverkehr Italiens, besonders Norditaliens. Zu einem Eingreifen der Regierung gegen die Agioteure zugunsten normaler Zustände im Zahlungsverkehr kam es wenigstens während des Zwangskurses nicht, trotzdem ein solcher Eingriff völlig berechtigt gewesen wäre und nach dem Vorbild der französischen Gesetzgebung, die zur Zeit valutarischer Behandlung der Assignaten jede Art der Agiotage mit schweren Geld- und Freiheitsstrafen belegte, seine Wirkung nicht verfehlt hätte.

Schon wenige Tage nach Einführung des Zwangskurses wurde der Finanzminister aus allen Teilen des Landes bestürmt, die Noten in der Stückelung zu Lire 100, 50 und 20 zu vermehren und Scheine zu 10 und 5 Lire auszugeben. Zwar waren durch das Ministerial-Dekret vom 17. Mai 1866, das die Stückelung der von der italienischen Nationalbank dem Staate als Darlehen zur Verfügung zu stellenden Noten vorschrieb, die 20-Lirescheine um den Betrag von 40 Millionen Lire vermehrt und außerdem die Ausgabe von Noten zu 10 Lire im Betrag von 20 Millionen beschlossen worden; aber diese 250 Millionen in Banknoten mit dem kleinsten Abschnitt zu 10 Lire erwiesen sich als völlig unzulänglich, das rasch verschwindende Metallgeld zu ersetzen. Der mittlere und besonders der kleine Zahlungsverkehr kamen dadurch in eine äußerst peinliche Lage und wurden zeitweise unmöglich.

In Voghera wurden z. B. kurz nach der Währungsänderung alle Zahlungen an die städtischen Kassen, selbst kleinere, aus Mangel an Noten kleiner Stückelung in 500 oder 1000 Lirescheinen geleistet und dadurch nach kurzer Zeit der ganze Kassenbetrieb lahmgelegt. In gleich verzweifelter Lage befanden sich die meisten Post- und Eisenbahnkassen, besonders deshalb, weil wie in Brescia die Zweigstellen der italienischen Nationalbank häufig nicht in der Lage waren, 1000-Lirescheine gegen kleiner gestückelte Noten umzutauschen. Hier setzte sofort die Spekulation der kleinen Banken und Geldwechsler ein: im Juni 1866 mußten in Ancona für die Umwechslung einer Note zu 1000 Lire 17% bezahlt werden und zwar 7% für die Umwechslung in kleinere Scheine und 10% für die Einlösung dieser Abschnitte in Metallgeld; auch in Genua war bald nach der Währungsänderung die Einlösung von 1000-Lirenoten in kleinere Noten nur gegen einen Abzug von 10% zu erhalten. Besonders für Reisende ergab sich oft die ungemütliche Lage, daß dieselben mit einem 1000- oder 500-Lireschein in der Tasche in kleineren Städten häufig nicht imstande waren, ihre Hotelrechnungen zu begleichen oder andere kleine Ausgaben zu machen. Die italienische Nationalbank hatte sich ursprünglich gegen die Ausgabe von 10-Lirenoten heftig gesträubt und begann daher erst in der zweiten Hälfte des Mai nur zögernd mit der Ausgabe derselben.

Der gerade kurz nach der Währungsänderung aufs schärfste hervortretende Mangel an Noten unter 500 Lire machte sich gelegentlich in einem verschiedenen Disagio der Noten verschiedener Stückelung gegenüber dem Metallgeld bemerkbar; so berichtete die Provinzialdeputation von Brescia, daß dort anfangs Juni 1866 das Disagio der Noten zu Lire 1000 und 500 gegenüber dem Metallgeld 9%, dasjenige der Scheine zu Lire 250, 100 und 50 nur 2 oder 1% betrug.

Der Mangel an Noten in kleinen Abschnitten zog immer weitere Kreise in Mitleidenschaft. Im Juni 1866 war das Pfandhaus zu Mailand gezwungen, die Beleihung von Pfändern im Betrag von unter 50 Lire mangels entsprechend gestückelter Noten einzustellen. Da in vielen Fällen auch die Arbeitslöhne nicht mehr ausbezahlt werden konnten, kam es zu ernsten Unruhen. Am 8. Juni 1866 meldete ein von Genua beim Finanzminister eingelaufenes Telegramm, daß die Geldkrisis weiter andauere und daß seitens der Bevölkerung Gewalttätigkeiten gegenüber der Nationalbank und den kleineren Banken zu befürchten seien.

Zur Erleichterung, in vielen Fällen überhaupt zur Ermöglichung des kleinen Zahlungsverkehrs, wie er sich beim Einkauf der täglichen Lebensmittel abspielte, gaben zahlreiche hier in Betracht kommende Geschäfte beim Wechseln der bei der Bezahlung erhaltenen Scheine an Stelle der nicht aufzutreibenden Silber- und Bronzemünzen ihren Kunden „Zahlmarken" in den verschiedensten Formen und aus allen möglichen Stoffen, die von den Kunden in den betreffenden Geschäften bei späteren Einkäufen wieder zur Zahlung verwendet wurden.

Um diese dringendsten Bedürfnisse des mittleren und kleinen Zahlungsverkehres zu befriedigen, entschloß sich die Regierung am 13. Juni 1866 zur Ausgabe von Papiergeld in der Stückelung zu 15, 10 und 5 Lire im Betrage von zusammen

30 Millionen; da es sich aber hierbei um möglichst rasche Verausgabung handelte, erfolgte die Herstellung der neuen Scheine unter Verwendung des Formates der bisherigen Wechselstempelmarken zu 15, 10 und 5 Lire, wobei aber als unterscheidendes Merkmal von den zur Entrichtung der Wechselstempelabgabe benutzten Stücke der Text am unteren Rande der als Papiergeld zu verwendenden Marken schwarz überdruckt wurde. Diese aushilfsweise in den Verkehr gebrachten Noten erhielten Zwangskurs wie die übrigen Banknoten und die italienische Nationalbank wechselte an ihren Schaltern in Bologna, Florenz, Genua, Livorno, Mailand und Turin sämtliche Noten über 50 Lire gegen diese neuen Noten um, jedoch mit der Beschränkung, daß niemand mehr wie 1000 Lire solcher Chartalstücke auf einmal eintauschen durfte. Zwangskurs behielt dies gezähnte Papiergeld bis 30. September 1866 und wurde von diesem Zeitpunkt an bis Ende des Jahres von der Nationalbank gegen Noten unter 100 Lire umgewechselt, besonders gegen die inzwischen von der Nationalbank im Auftrag der Regierung neugeschaffenen Noten zu 40, 25 und 5 Lire.

Erst im April des nächsten Jahres (1867) wurde die Ausgabe der besonders im kleinen Zahlungsverkehr längst ersehnten Noten zu 2 Lire angeordnet, beschränkte aber merkwürdigerweise deren Annahmezwang nur auf Summen bis zu 20 Lire: Scheidegeld in Form von Banknoten.[1]) Praktische Bedeutung hat diese Annahmebeschränkung bei dem herrschenden Mangel an entsprechend gestückelten Zahlungsmitteln niemals erlangt. Die Ausgabe des 1-Lirescheins erfolgte unter der üblichen Verzögerung seitens der Nationalbank erst im November 1868.[2])

Die von der italienischen Nationalbank für Rechnung des Staates ausgegebenen Noten in der Stückelung von 1000 bis zu 20 Lire wurden in der Druckerei der Bank selbst hergestellt,

[1]) Dekret v. 21. April 1867.

[2]) Dekret v. 3. Sepember 1868.

das Papier dazu wurde aus der Papierfabrik von Marais bei Paris bezogen; nach bestimmten Zeitabschnitten wurde zur Erschwerung von Fälschungen bei Beschaffung eines Ersatzes der im Zahlungsverkehr infolge Beschädigungen oder Beschmutzung nicht mehr zu verwendenden Noten ein neues Format benützt. Die Noten zu 10 Lire alten Formats wurden in der Regierungs-Druckerei der Briefmarken zu Turin hergestellt, diejenigen neuen Formats und die 2-Lirenoten lieferte die Amerikanische Banknoten-Compagnie zu New-York, die 5-Lirescheine eine Londoner und eine Frankfurter Firma.

Eine weitere Vermehrung des Notenumlaufes trat dadurch ein, daß die Regierung durch Art. 5 des Ges. vom 21. Juni 1869, das die Schaffung ländlicher Kreditanstalten erlaubte, diesen Instituten zwecks Erleichterung des ländlichen Diskonto- und Lombardgeschäftes die Befugnis zur Ausgabe von Agrarnoten erteilte unter der Bedingung, daß deren Stückelung auf keinen Fall geringer wie 30 Lire sein durfte. Der Betrag der auszugebenden „Buoni agrari" sollte das Dreifache des wirklich im Kassenbestande der einzelnen Kreditgenossenschaften und ähnlichen Anstalten vorhandenen Metallgeldvorrates nicht überschreiten; außerdem war über Stand und Umfang des Notenumlaufes der Regierung periodisch Bericht zu erstatten und von je 100 Lire ausgegebener Noten eine Abgabe von 1 centesimo zu entrichten. Die Agrarnoten waren gesetzlich erlaubtes rein fakultatives Geld der privaten Kundenkreise der einzelnen Kreditanstalten und mußten auf Verlangen gegen valutarische Banknoten eingelöst werden. Mit dem 31. Dezember 1901 verloren dieselben ihre Eigenschaft, Zahlungsmittel zu sein, werden aber noch bis 31. Dezember 1911 gegen Bank- oder Staatsnoten umgetauscht; nach diesem Zeitpunkt verfallen dieselben zugunsten des Ausgabeinstitutes.

Um dem kleinen und mittleren Zahlungsverkehr ihrer Zahlgemeinschaften rasch zu Hilfe zu kommen, gaben die Banken von Neapel und Sizilien mit Ermächtigung der Regierung f e d i b z w. p o l i z z i n i d e l C a s s i e r e in „fester" Stückelung aus.

Bank von Neapel (fedi) Stückelung:		Bank von Sizilien (polizzini) Stückelung:
1	Lire	2
2	"	3
5	"	5
10	"	6
20	"	7
50	"	8
100	"	9
250	"	10
500	"	—

Die Herstellung der neuen fedi und polizze in fester Stückelung erfolgte unter Benutzung des Formates der bisherigen Certificate, wobei jedoch an Stelle der handschriftlichen Eintragung der Werteinheiten die mechanische und an Stelle des sonst in der Urkunde namentlich aufgeführten Deponenten der „Cassiere maggiore“ der Bank selbst trat, so daß für das Publikum die neuen Certificate sich nicht sehr von den alten unterschieden. In Wirklichkeit waren es aber zwei grundverschiedene Zahlungsmittel!

Die nicht in fester Stückelung umlaufenden fedi und polizze gewährten, wie wir früher schon sahen, als girale Zahlungsmittel dem aus der Urkunde Berechtigten ein absolutes Forderungsrecht gegenüber der Zentralstelle Bank, das durch die Einzahlung der in der Urkunde genannten Summe seitens des Deponenten vorher begründet worden war.

Bei den neuen in fester Stückelung ausgegebenen Certificaten hatte aber überhaupt keine Einzahlung an die Bank stattgefunden! Daß der Kassierer der Bank als Deponent bezeichnet wurde, war demnach eine Fiktion seitens der Bank, die in diesem Falle ein Rechtsgeschäft mit sich selbst abschließen würde, worin sie sich selbst durch eines ihrer Organe berechtigt und verpflichtet hätte. Der Text der Urkunde war also im Sinne einer juristischen Auslegung als girales Zahlungsmittel bedeutungslos geworden; wer im Zahlungsverkehr in den Besitz eines solchen Certificats gekommen war, konnte auf keinen Fall ein absolutes Forderungsrecht, wie es bei den giralen Zahlungsmitteln der Fall war, gegenüber der Bank geltend machen, wohl aber waren die neuen Certificate zu allen Zahlungen an die Ausgabestelle verwendbar, infolge des Zwangskurses überhaupt zu allen Zahlungen innerhalb der betreffenden Zahlgemeinschaften. In der Praxis kam es infolge gleichartiger Behandlung der beiden Arten von Certificaten bald zu Streitigkeiten, besonders weil die staatlichen Einnehmereien und die Bank gelegentlich bei der Annahme der fedi und polizzini in fester Stückelung nach alter Gewohnheit die Unterschrift des letzten Besitzers verlangten, sofern nicht ein Blanko-Indossament des Kassierers darauf stand, welches infolge der Unsicherheit über die juristische Natur der neuen Certificate gelegentlich, nicht allgemein sich vorfand.

Da die Ansicht der Gerichte über die rechtliche Natur der beiden Zahlungsmittel auseinanderging, wurde die Entscheidung des Finanzministers angerufen, die in verschiedenen Beantwortungen, so auch in einem Schreiben vom 29. April 1867 an die Direktion des Schatzamtes[1]) und vom Mai 1868 an den ersten Präsidenten des Appellationshofes zu Trani dahin ausfiel, daß die Unterschrift des letzten Besitzers bei Verwendung der Certificate fester Stückelung zu Zahlungen an die Ausgabestelle Bank oder an die staatlichen Steuereinnehmereien zwar althergebracht, aber nicht obligatorisch sei, und daß die Einnehmereien angewiesen seien, die Forderung der Unterschrift auf die Fälle zu beschränken, wo der Verdacht einer Fälschung vorhanden sei.

Wenn aber, wie es in den für die Rechtsprechung grundlegenden Schreiben zum Ausdruck kam, dem Indossament der

---

[1]) „Giovando che i polizzini suddetti, che nelle provincie napoletane si ricevono senza altra firma che quella del cassiere intestatario, abbiano a circolare quanto più liberamente è possibile, si ripete che non è obbligatorio il richiedere la firma de' possessori dei polizzini, la quale potrà bensi richiedersi dai contabili quando cada dubbio sulla legittimità dei medesimi.“

fedi und polizzini in fester Stückelung keine rechtliche Bedeutung mehr zugesprochen wurde, so handelte es sich auch nicht mehr um Übertragung absoluter Forderungsrechte, also auch nicht mehr um girale Zahlungsmittel.

Rechtliche Bedeutung kam der Aufschrift (Text) nur in sofern zu, als die Bank bzw. Steuerkasse die Annahme von der formalen Richtigkeit der auf dem neuen Certificat angebrachten Zeichen und Schriftzüge abhängig machte, was besonders deutlich dadurch zutage tritt, daß nur beim Verdachte einer Fälschung die Unterschrift des Besitzers verlangt werden sollte; die fedi und polizzini in fester Stückelung wurden demnach als Chartalstücke behandelt, die zwar unter der alten Bezeichnung fedi und polizzini im Umlauf waren, in Wirklichkeit aber die ersten Noten der beiden Banken darstellten. Am 31. März 1868 betrug der Gesamtumlauf der fedi in fester Stückelung bei der Bank von Neapel Lire 34 489 920; derjenige der festgestückelten polizzini der Bank von Sizilien Lire 5 973 531.

Die Ausgabe von Papiergeld in der geläufigeren Notenform erfolgte dann auch seitens der beiden Banken im November 1868 durch die in Verbindung mit der italienischen Nationalbank in den Verkehr gebrachten 1-Lirenoten, woran die Nationalbank mit 4 Millionen, die Bank von Neapel mit 1 500 000 und die Bank von Sizilien mit 500 000 Lire beteiligt waren.

Die toskaner Nationalbank und die toskaner Kreditbank waren seit 1866 und zwar die erstere unter Vermehrung ihrer 100-Lirenoten zur Ausgabe von Noten zu 20 und 50 Lire, die letztere gegen entsprechende Verminderung ihrer Kassenscheine zu 5 000 Lire ebenfalls zur Vermehrung der 50 und zur Neuausgabe der 20-Lirescheine ermächtigt worden. Beiden Banken wurde 1873 das Recht zur Ausgabe von Noten zu Lire 10 und darunter gesetzlich zuerkannt, von dem die toskaner Nationalbank durch Verausgabung von Scheinen zu Lire 10, 5, 2, 1 und 0,50, die toskaner Kreditbank durch Ausgabe von 10-Lirenoten Gebrauch machten.

Die bisherige „Bank des Kirchenstaates“ wurde durch Dekret vom 2. Dezember 1870 unter dem Namen „Römische Bank“ zunächst bis 1881 als Notenbank für die Provinz Rom zugelassen und vervollständigte durch Ausgabe von Noten zu Lire 1000, 500, 200, 100, 50 und 20 die Masse des papyroplatischen Kurantgeldes. In der am gleichen Tage zwischen Bank und Regierung abgeschlossenen Konvention verzichtete die erstere auf das ihr von der päpstlichen Regierung verliehene Monopol der alleinigen Notenausgabe und des alleinigen Betriebes bankmäßiger Geschäfte innerhalb des Gebietes des Kirchenstaates gegen eine Entschädigung von 2 Millionen Lire, welche die in der Provinz Rom bis 1881 Geschäftsstellen eröffnenden anderen Notenbanken nach Übereinkunft mit dem Finanzminister von Fall zu Fall prozentual an die Bank zahlen mußten. Unter päpstlicher Herrschaft war die Bank des Kirchenstaates zur Ausgabe von Noten bis zu einem Scudo ermächtigt gewesen; 1854 bis 1856 mußte jedoch durch päpstliche Verfügung die Einlösung der Noten seitens der Bank auf eine täglich festgesetzte Summe beschränkt werden. Durch Notifikation vom 4. Oktober 1866 übernahm der Kirchenstaat die Garantie für die Geschäfte der Bank und damit für die Einlösung der Noten; dabei wurde gleichzeitig die Verpflichtung der Bank zur Noteneinlösung auf den Höchstbetrag von 6000 päpstlichen Scudi pro Tag beschränkt.

Da die Beschränkung bei Einlösung der Noten und die Garantie des Staates für die Einlösung derselben auch nach Zulassung der Bank des Kirchenstaates als Notenbank in der Provinz Rom wegen mangelnder eigener Mittel beibehalten werden mußten, wurde die Römische Bank, so lange dies der Fall war, der unmittelbaren Beaufsichtigung des Finanzministers des Königreiches unterstellt. In den 1870 neu aufgestellten Statuten wurde das Aktienkapital der Bank auf 10 Millionen Lire festgesetzt, wovon 5 Millionen eingezahlt werden mußten und zur Bildung eines Reservefonds verwendet wurden, in den auch alle von anderen Notenbanken an die Römische Bank zu zahlenden Entschädigungen für Eröffnung einer Geschäftsstelle in der Provinz Rom flossen. Durch Artikel 135 der Statuten wurde derselben ferner die Ausgabe von Noten zu Lire 10 und 5 und kleinerer Abschnitte in Aussicht gestellt.

Für die italienische Nationalbank wurde als Höchstgrenze ihrer umlaufenden Noten durch Gesetz vom 3. September 1868 der Betrag von 750 Millionen Lire festgesetzt und dabei wurde ausdrücklich betont, daß, solange der Zwangskurs bestehe, diese Grenze niemals unter irgend einem Titel, einer Form und aus irgend welchen Gründen überschritten werden könne. Ein frommer Wunsch, denn am 11. August 1870 mußte der Staat die italienische Nationalbank um eine neue aus Gold- und Papiergeld bestehende Anleihe angehen, und die im betreffenden Gesetz von 1868 für die Dauer des Zwangskurses als unverletzbar proklamierte Höchstgrenze des Notenumlaufes der Bank wurde auf 800 Millionen erhöht. Bei der noch häufiger werdenden Inanspruchnahme der Nationalbank durch den Staat wurde der Notenumlauf der Bank um den der Regierung geliehenen Betrag erhöht und die Bank von der Verpflichtung befreit, für diese dem Staat gelieferten Noten eine Metallreserve bereit zu halten. Der Staat hinterlegte dafür bei der Bank seine eigenen Schuldverschreibungen.

Der Notenumlauf der italienischen Nationalbank für eigene Rechnung betrug im Monatsdurchschnitt:

Oktober	1861	Lire	64 772 580
„	1862	„	87 027 004
„	1863	„	96 365 487
„	1864	„	80 606 131
„	1865	„	113 497 566
„	1866	„	188 199 001
„	1867	„	344 714 910
„	1868	„	491 653 631

Eine Übersicht über die Bewegung der Notenmenge gewährt folgende dem von Minghetti und Finali verfaßten Bericht über die Papiergeldzirkulation entnommene Tabelle:

Notenausgabe (in Millionen Lire).	Bei Einführung des Zwangskurses.	am 30. Juni 1874.	Differenz zwischen der Ausgabe am 30. Juni 1874 und am 2. Mai 1866. mehr	weniger
Italienische Nationalbank für eigene Rechnung.	116,9	328,2	211,3	
Nationalbank für Toskana.	23,9	59,9	36,0	
Toskaner Kreditbank.	0,4	13,5	13,1	
Römische Bank (nach 1870).	(33,5)	49,8	16,3	
Bank von Neapel: girale Zahlungsmittel.	84,7	51,5		33,2
Girale Zahlungsmittel und fedi in fester Stückelung (Noten).	84,7	189,7	105,0	
Bank von Sizilien: girale Zahlungsmittel.	23,3	23,0		0,3
Girale Zahlungsmittel und polizze in fester Stückelung (Noten).	23,3	58,9	35,6	
Gesamtbetrag für Rechnung der Banken: Banknoten, fedi und polizze in fester Stückelung.	141,2	625,5	484,3	
Girale Zahlungsmittel.	108,0	74,5		33,5
Zusammen . . .	249,2	700,0	450,8	
Gesamtbetrag für Rechnung der Banken und des Staates: Banknoten, fedi und polizzini in fester Stückelung.	141,2	1485,5	1344,3	
Einschließlich der giralen Zahlungsmittel.	249,2	1560,0	1310,8	

Die umlaufenden valutarischen Noten hatten jedoch nicht vermocht, das Bedürfnis des mittleren und kleinen Zahlungsverkehrs nach einem Ersatz der außer Landes strömenden Silber- und Bronzemünzen zu befriedigen. Ließ doch die Regierung nach Einführung des Zwangskurses über zwei Jahre bis zur Schaffung des 1-Lirescheines verstreichen! Auch die Ausprägung von 20 Millionen Lire in Bronzemünzen brachte nur vorübergehende Abhilfe, zumal dieselben nicht rasch genug im Lande selbst hergestellt werden konnten und daher zur Ausprägung nach Paris und Birmingham in Auftrag gegeben werden mußten. Als schließlich der Mangel an Scheinen niederer Stückelung bald nach der Währungsänderung den ganzen Geschäftsverkehr in Norditalien lahmzulegen drohte, brachten zahlreiche Gemeindeverbände, Sparkassen und Handelskammern bei der Regierung die Bitte vor, für ihre betreffenden Kundenkreise Papierscheine niederer Stückelung ausgeben zu dürfen.

Im Staatsrat war man einer Erfüllung der Bitte nicht abgeneigt unter der Bedingung, daß die Erlaubnis dazu nur denjenigen Kreditinstituten oder Kommunalverbänden erteilt werden sollte, welche durch besondere Maßnahmen die zur vollständigen Einlösung der Scheine erforderlichen Summen sicherstellten. Infolge des Widerstandes des Finanzministers lehnte die Regierung das Gesuch ab, ohne im übrigen für eine energische Abstellung dieser Übelstände Vorsorge zu treffen.

Die betreffenden Geschäftskreise nahmen zur Selbsthilfe ihre Zuflucht. Trotz des Verbotes schritten zahlreiche Darlehens- und Sparkassen, Volksbanken, Handelskammern, Provinzial- und Kommunalverbände, Direktionen von Straßenbahnen, sogar Kleinkrämer und Inhaber von Kaffeehäusern in Norditalien zur Ausgabe von „Buoni al latore“, Inhaberscheinen, die innerhalb des betreffenden Kundenkreises zirkulierten. In den meisten Fällen trat eine Steigerung der Verwendungsmöglichkeit dieser Scheine in der Weise ein, daß z. B. alle in einer Stadt an der ungesetzlichen Notenausgabe beteiligten Firmen sich zur gegenseitigen Annahme ihrer Privatnoten verpflichteten. Ein ähnlicher Vorgang wie in England zur Zeit der Kontinentalsperre, wo mit Duldung der Regierung Privatmünzstätten unter eigener Gewähr Kupferpfennige ausprägten (Copper Promissory Notes)!

Nach dem Vorbild der Volksbank zu Florenz beriefen sich zudem die in der Form von Aktiengesellschaften gegründeten Bankinstitute auf Art. 135 des alten Handelsgesetzbuches. Der Artikel enthielt die Bestimmung, daß jede Aktiengesellschaft nach Einzahlung des ganzen Gesellschaftskapitales berechtigt war, „obbligazioni ed altri titoli al portatore" auszugeben, und nach der damaligen Ansicht der florentiner Volksbank gehörten zu diesen im Gesetz als „altri titoli al portatore" bezeichneten auch die Inhaberpapiere in Form von Privatnoten; eine Auslegung, die schon deshalb nicht für die meisten Aktiengesellschaften in Betracht kam, weil bei den wenigsten das Gesellschaftskapital voll einbezahlt war.

Die Stückelung dieser Noten privater Zahlgemeinschaften, deren Ausgabe die Regierung stillschweigend duldete, ging von 5 Lire bis zu 25, 20 und selbst 10 centesimi. Ende November 1873 waren für 33305100,01 Lire Privatnoten im Verkehr.

§ 5. DIE NEUREGELUNG DER GESETZLICHEN BESTIMMUNGEN ÜBER AUSGABE UND UMLAUF DER NOTEN DURCH DAS GESETZ VOM 30. APRIL 1874 (KONSORTIALGESETZ). DIE SCHAFFUNG DER KONSORTIALNOTE.

Die Regierung hatte während der ersten sieben Jahre des Zwangskurses die Herrschaft über den mittleren und kleinen Zahlungsverkehr besonders in Norditalien verloren. Einmal durch die Duldung der Ausgabe von Privatnoten, dann dadurch, daß die von den einzelnen Notenbanken über die vorgeschriebene Ausgabehöhe hinaus ausgegebenen Noten bei der stets vorhandenen Neigung der einzelnen, besonders der kleineren Banken, zu weiterer Vermehrung eine einheitliche und übersichtliche lytrische Verwaltung unmöglich gemacht hatte. Daher lagen 1872 dem Ministerium Lanza-Sella eine Reihe von Vorschlägen vor zur Heilung des Papiergeldumlaufes; Vorschläge, die alle auf eine scharfe Abgrenzung der für Rechnung des Staates von der italienischen Nationalbank ausgegebenen Noten von dem eigenen Notenumlauf der Bank hinausliefen. Zur folgerichtigsten Durchführung dieser Vorschläge, der Schaffung der Staatsnote, konnte sich Sella jedoch nicht entschließen aus Furcht, daß mit der Verleihung des Rechtes zur Ausgabe von Noten an den Staat infolge umfangreicher Neuausgabe von Staatsnoten die Wiederherstellung eines Metallgeldumlaufes auf unbestimmte Zeit hinausgeschoben werden könnte. Bei all diesen Vorschlägen und Plänen wurde auch häufig die Möglichkeit einer Währungsänderung im Sinne valutarischer Behandlung der Goldmünzen gestreift. Da aber 1873 das Ministerium Lanza-Sella demjenigen Minghetti's weichen mußte, kam der von Sella verfaßte Gesetzesentwurf nicht mehr zur Beratung; die Lösung dieser Fragen blieb dem neuen Finanzminister Minghetti vorbehalten.

Minghetti hielt es auf Grund der Bilanz des Staates nicht für möglich, vorerst an eine Abschaffung des Zwangskurses der Noten zu denken, schlug vielmehr zur Heilung des Notenwesens drei Maßregeln vor; einmal die Höhe des Notenumlaufes nicht nur gesetzlich festzulegen, sondern die Einhaltung dieser Grenze seitens der Notenbanken auch zu erzwingen, dann den für die Noten der sechs Banken örtlich verschieden festgesetzten Annahmezwang einzuschränken oder zu beseitigen und endlich die Lage der Notenbanken, soweit es sich um deren Beziehungen zu einander und zum Staate handelte, nach Möglichkeit gleichartig auszugestalten.

Für das geeignetste Mittel zur Ausführung dieser Pläne hielt der Finanzminister die Schaffung der Staatsnote, denn dann konnte die Regierung durch Bereithaltung der im Zahlungsverkehr notwendig werdenden Staatsnoten die Einhaltung der gesetzlich festgelegten Schranken in der Notenausgabe der sechs Banken erzwingen. Da aber in den gesetzgebenden Körperschaften wenig Stimmung für Ausgabe von Staatsnoten, einer österreichischen Einrichtung, vorhanden war, schlug Minghetti in der am 27. November 1873 der Kammer gemachten Gesetzesvorlage, die nach einigen Abänderungen am 30. April 1874 Gesetzeskraft erhielt (Konsortialgesetz), folgenden Mittelweg ein.

Die private Papiergeldausgabe wurde ausdrücklich verboten und dies Recht ausschließlich auf die bisherigen sechs Notenbanken beschränkt. Zu diesem Zweck bildeten die Italienische

Nationalbank, die Toskaner Nationalbank, die Toskaner Creditbank, die Römische Bank, die Bank von Neapel und die Bank von Sizilien ein Konsortium, das als „Konsortialnoten" bezeichnete Papierscheine in folgender Stückelung schuf:

zu Lire	0,50	Stückzahl 30 Millionen	1000 Millionen Lire.
	1	50 —	
	2	35 —	
	5	40 —	
	10	24 —	
	20	2,5 —	
	100	750,000	
	250	400,000	
	1000	200,000	

Der Höchstbetrag der herzustellenden Konsortialnoten betrug darnach 1000 Millionen Lire, und diesen Betrag in Noten stellte das Konsortium dem Staate als Darlehen zur Verfügung, der es während der ersten vier Jahre mit 50 Centesimi, während der weiteren Jahre mit 40 Centesimi pro 100 Lire und Jahr verzinste. Zwangskurs und rechtliche Uneinlösbarkeit im Sinne des Dekretes vom 1. Mai 1866 erhielten nur die neuen Konsortialnoten, für die nach Art. 3 des Gesetzes die sechs Notenbanken im Verhältnis ihres Gesellschaftskapitales solidarisch hafteten, obgleich auch hier der Staat als Garantie italienische Rente bei der staatlichen Hinterlegungskasse hinterlegt hatte. Die italienische Nationalbank hatte die für Rechnung der Regierung bisher ausgegebenen Noten zurückzuziehen und durch die neuen Konsortialnoten zu ersetzen, die zur leichteren Unterscheidung von den eigenen Noten der sechs Banken auf weißes Papier gedruckt werden mußten und endlich auch die der Wirklichkeit entsprechende Aufschrift erhielten, z. B.:

Biglietto Consorziale
A Corso Forzoso Inconvertibile
50 Cinquanta Centesimi.
Legge 30 Aprile 1874.

Der Staat benutzte die Konsortialnoten zur Zurückzahlung der ihm bisher von der italienischen Nationalbank in Noten gewährten Darlehen von insgesamt 810 Millionen Lire; außerdem zahlte die Regierung mit Hilfe dieser Scheine die ihr ebenfalls von der Nationalbank in Gold geliehenen 50 Millionen in der Weise zurück, daß dieser Betrag auf die anderen fünf Notenbanken im Verhältnis ihres Aktienkapitales verteilt wurde, d. h. jede der fünf Banken zahlte die der Quote entsprechende Summe in Gold an die italienische Nationalbank und erhielt von dieser für die in Gold eingezahlte Summe einen entsprechenden Betrag in Konsortialnoten. Dafür verpflichtete sich der Staat, spätestens drei Monate vor Abschaffung des Zwangskurses jedem der Institute den der Quote entsprechenden Betrag von Konsortialnoten in Gold einzulösen.

Nach vollständiger Tilgung der Darlehensschulden der Regierung bei der italienischen Nationalbank und nach völliger Zurückziehung der für Rechnung des Staates ausgegebenen alten Noten war die Nationalbank zur Herausgabe der vom Staate als Notendeckung bei ihr hinterlegten Rententitel verpflichtet.

Neben der Schaffung der Konsortialnoten blieben die Notenbanken auch fernerhin zur Ausgabe von eigenen auf farbigem Papier herzustellenden Noten in der einheitlichen Stückelung zu Lire 50, 100, 200, 500 und 1000 ermächtigt, wobei als höchst zulässige Grenze in der Ausgabe der dreifache Betrag des wirklich vorhandenen Gesellschaftskapitales festgelegt wurde. Da die Römische Bank bei einem wirklich eingezahlten Aktienkapital von 5 Millionen Lire ihren Notenumlauf im Betrag von 35,5 Millionen im Jahre 1870 auf 53 Millionen im Mai 1872 widerrechtlich erhöht hatte, wurde zur Vermeidung solcher Vorkommnisse durch Dekret vom 23. September 1874 für sämtliche sechs Notenbanken die Höhe des eingezahlten Aktienkapitals bezw. des vorhandenen Patrimonialkapitals nach dem Stand vom 31. Dezember 1873 und unter Berücksichtigung des Art. 10 des Konsortialgesetzes (s. S. 84) nochmals besonders festgelegt und zwar in Millionen Lire:

	Eingezahltes Aktien- bezw. Patrimonialkapital.	Zur Berechnung des dreifachen Notenumlaufs zugrunde zu legende Reserven.	Gesetzliche Normalhöhe für den eigenen Notenumlauf.
Italienische Nationalbank .	150	150	
Toskanische Nationalbank .	21	21	
„ Kreditbank . .	5	5	251,5 × 3
Römische Bank.	5	15	= 754,5
Bank von Neapel	32,5	48,5	Millionen Lire.
Bank von Sizilien	8,0	12,0	

Diejenigen Banken, deren Notenumlauf die Schranken des Konsortialgesetzes überschritt, hatten durch monatliche stufenweise Verminderung desselben längstens bis 30. April 1875 die gesetzliche Normalhöhe zu erreichen.

In Zeiten jedoch, in denen sich ein gesteigertes Verlangen des Handels nach Diskontierung von Dreimonatswechseln bemerkbar machen sollte, konnte die Regierung den Notenbanken nach vorheriger eingehender Prüfung für einen Zeitraum von höchstens drei Monaten die Überschreitung der Höchstgrenze des Notenumlaufes bis auf das Vierfache des hierfür gesetzlich festgelegten Kapitales gestatten. Das Mehr der dadurch ausgegebenen Noten mußte aber ausschließlich zur Diskontierung von Wechseln verwendet werden, und der die Erlaubnis zur Überschreitung der Notengrenze enthaltende Erlaß hatte den Zeitpunkt genau anzugeben, an dem die Banken ihren Notenumlauf auf die alte Höhe zurückzuführen hatten.

Die eigenen Noten der sechs Banken und die in Art. 34 des Konsortialgesetzes, den Noten rechtlich ausdrücklich völlig gleichgestellten Zertifikate in fester Stückelung (fedi und polizzini del cassiere) behielten bis auf weiteres den allgemeinen Annahmezwang, die Bank mußte aber jede ihrer im Zahlungsverkehr angenommene Note auf Verlangen entweder in Konsortialnoten oder in Metallgeld umtauschen, wobei jedoch die Wahl dem

Ausgabeinstitut überlassen blieb. Verweigerte eine der Banken die vorgeschriebene Einlösung, so konnte den Noten derselben durch königliches Dekret für die Provinz, in der ein solcher Fall vorgekommen war, der allgemeine Annahmezwang entzogen werden. Dagegen verloren die giralen Zahlungsmittel der beiden süditalienischen Banken, die seit 1. Mai 1866 ebenfalls Zwangskurs hatten, mit dem 22. Mai 1875 den Annahmezwang gegenüber Privaten, nicht aber gegenüber den öffentlichen Kassen im Gebiete ihrer Zahlgemeinschaft, und gehörten daher auch fernerhin zu den staatlichen Zahlungsmitteln Italiens.

Zwei Jahre nach Veröffentlichung des Konsortialgesetzes sollten die eigenen Noten der sechs Banken den gesetzlichen Annahmezwang verlieren und dadurch fakultatives einlösbares Notalgeld werden, ein Vorgang, der aber infolge der von Jahr zu Jahr erfolgenden Verlängerung des „corso legale“ bei Beginn der Reform der Notenbanken im Jahre 1893 noch nicht eingetreten war und auch nach Ausführung der Reform bis heute noch nicht eingetreten ist.

Vom 22. Mai 1875 ab hörte die Berechtigung der Notenbanken zur Ausgabe von eigenen Noten in Abschnitten zu Lire 250, 40, 25, 20, 10, 5, 2 und 1 auf, und die an den Kassen der Bank eingehenden Noten dieser Stückelung mußten einbehalten und in genau vorgeschriebenem Verfahren vernichtet werden.

Die seit 1866 als Deckung für den Notenumlauf verhängte Sperrung der Metallreserven der Notenbanken wurde nach und nach aufgehoben und zwar für ein Viertel der gesperrten Beträge mit der Veröffentlichung des Gesetzes über das Notenkonsortium (22. Mai 1874), für ein weiteres Viertel nach Ablauf eines Jahres und für die noch übrig bleibende Hälfte nach der Aufhörung des allgemeinen Annahmezwanges der eigenen Noten der sechs Banken (?). Die von der Sperrung befreiten Metallreserven durften die Banken zum Ankauf von Dreimonatswechseln oder vom Staate garantierter, ausgeloster und in drei Monaten einlösbarer Papiere benutzen, unter der Bedingung, daß deren Bezahlung in Metallgeld erfolge, das im Königreich Kassenkurs hatte. Jede andere Verwendung dieser Gelder war verboten, und die Regierung behielt sich das Recht vor, auch diese gesetzlich zugelassene Verwendung ganz oder teilweise zu verbieten, sobald die Lage der betreffenden Bank oder das Staatsinteresse dies erforderlich zu machen schien.

Durch Art. 10 des Konsortialgesetzes wurde die Römische Bank innerhalb sechs Monaten nach der Veröffentlichung des Gesetzes zur Ausgabe der zweiten Serie von 5000 Aktien zu je 1000 Lire und innerhalb weiterer drei Monate zur Ausgabe einer dritten Serie im gleichen Betrag ermächtigt, so daß nunmehr das Aktienkapital 15 Millionen Lire betrug. Dafür mußte die Bank vom 22. Mai 1875 ab ihre Noten ohne jede Beschränkung einlösen, so daß die vom Kirchenstaat übernommene früher erwähnte Einschränkung der Noteneinlösung wegfiel; desgleichen trat auch die seitens des Königreichs von der päpstlichen Regierung übernommene Garantie für Einlösung der Noten der Römischen Bank außer Kraft.

Den bisher von der toskaner Nationalbank gemäß den Art. 32 und 33 des Bankstatuts vom 30. Dezember 1857 beim Staate als Gewähr für die Einlösung ihrer von den öffentlichen Kassen Toskanas in Zahlung genommenen eigenen Noten hinterlegten Betrag gab der Staat der Bank zurück; hierfür wurden die Art. 67 und 68 der Statuten dahin abgeändert, daß die Bank der Regierung auf Verlangen gegen Hinterlegung staatlicher Schuldtitel mit 3 % zu verzinsende Vorschüsse bis zur Hälfte des wirklich eingezahlten Aktienkapitals zu gewähren hatte.

Art. 15 des Gesetzes bestätigte die Verpflichtung der einzelnen Notenbanken zur gegenseitigen Einlösung ihrer eigenen Noten in Metallgeld oder Konsortialnoten und stellte für die bisherige vergleichende Abrechnung derselben (riscontrata) eine Neuregelung in Aussicht, die auch im Dekret vom 24. September 1874 erfolgte. Darnach durfte jede der sechs Banken die in ihrem Kassenbestande vorhandenen Noten der anderen fünf Banken nur am Donnerstag jeder Woche, wenn dies ein Feiertag war, am vorhergehenden Tage, den zunächst liegenden Zweig- oder Kassenstellen der anderen Notenbanken zur Verrechnung gegen ihre eigenen Noten vorlegen. Soweit die bei Vergleichung der gegenseitigen Notenmengen sich etwa ergebende Differenz seitens der schuldnerischen Bank nicht mittels Konsortialnoten beglichen wurde, mußte über diesen Schuldbetrag der betreffenden Bank eine Bescheinigung in zwei Originalen ausgestellt werden. Jede Zweigstelle sandte nun noch mit der Post desselben Tages oder telegraphisch an die eigene Bankzentrale eine Aufstellung zunächst ihrer eigenen, von den andern Notenbanken bei ihr vorgelegten Noten, dann eine solche der von ihr den andern Notenbanken zugesandten Noten der betreffenden fünf Banken; ferner war der Aufstellung das Ergebnis des zwischen der betreffenden Zweigstelle und den Zweigstellen der andern Notenbanken schon erfolgten Skontrierung, also gegebenen Falls eine der in zwei Originalen ausgestellten Schuldanerkennungen über den nicht ausgeglichenen Betrag noch einlösbarer Noten beizufügen. Auf Grund dieser von jeder Zweigstelle einzusendenden Übersicht erhielt die Leitung der betreffenden Bankzentrale allwöchentlich einen genauen Überblick über das aus der Einlösung der Noten hervorgehende Soll und Haben der eigenen Bank gegenüber den fünf andern Banken. Jeden Montag versammelten sich dann die Vertreter der sechs Notenbanken beim Präsidium des Konsortiums und suchten die noch nach erfolgter Abrechnung ihrer einzelnen Zweigstellen vorhandenen auf Einlösung ihrer Noten lautenden Forderungen auf dem Wege vergleichender Abrechnung auszugleichen.

Da die Gerichte in strenger Durchführung des Rechtssatzes der Nominalität der Schulden alle vertraglichen Abmachungen auf Leistung von Zahlungen in Metallgeld seit Mai 1866 als rechtlich nicht vorhanden behandelten, wurde der Geschäftsverkehr der italienischen Kaufleute mit dem Auslande sehr erschwert, in vielen Fällen unterbunden. Deshalb beschäftigte sich die Kammer schon am 30. und 31. März 1870 mit einem Gesetzesvorschlag, der die Rechtsgültigkeit aller Verträge auf Zahlung in Metallgeld erklären und damit den Rechtssatz der Nominalität der Schulden außer Kraft setzen sollte. Die Vorschläge und Wünsche nach dieser Hinsicht fanden jedoch erst im Konsortialgesetz vom 30. April 1874 Berücksichtigung. Art. 18 dieses Gesetzes gestattete den Abschluß von Verträgen auf Erfüllung von Zahlungsverpflichtungen in Metallgeld, aus Furcht vor einer ungünstigen Beeinflussung der Höhe des (synchartalen) Agios, nicht allgemein, sondern nur für Wechselbriefe und für alle zwischen Kaufleuten ausgestellten oder auf Grund von Handelsgeschäften im Sinne des Handelsrechts ausgefertigten Ordrepapiere, ferner für die Kontokorrent- und Depositengeschäfte der Banken und Sparkassen. Auf alle aus dem Abschluß von Handelsgeschäften vor dem Konsortialgesetz hervorgehenden Zahlungsverpflichtungen fand der Artikel jedoch keine Anwendung.

Das bei Einführung des Zwangskurses im Mai 1866 gegenüber den Notenbanken ausgesprochene Verbot, ohne Ermächtigung der Regierung keine Änderung der Diskontsätze vorzunehmen, wurde durch Art. 9 des Konsortialgesetzes dahin abgeändert, daß für die Diskontierung aller in Metallgeld zahlbarer Wechsel die Festsetzung der Diskonthöhe künftig wieder jeder Notenbank freigegeben wurde; für die in Noten zahlbaren Wechsel blieb das Verbot einer eigenmächtigen Diskontänderung jedoch weiter bestehen.

Die Ausführungsbestimmungen und Ergänzungen zum Konsortialgesetz wurden in verschiedenen Dekreten des Jahres 1875 und besonders im Regolamento vom 21. Januar 1875 erlassen. Darnach wurden für die Übergangszeit die eigenen Noten der italienischen Nationalbank in der Stückelung zu Lire 1, 2, 5, 10, 20, 250 und 1000 provisorisch zu Konsortialnoten erklärt und blieben daher uneinlösbar, mußten aber bei entsprechendem Vorrat an neuen Konsortialnoten umgetauscht werden. Von den 1000 Millionen Lire in Konsortialnoten wurden zunächst 890 Millionen für den Zahlungsverkehr bestimmt, während die Ausgabe der übrigen 110 Millionen von weiteren Spezialgesetzen abhängig blieb. Diese provisorisch zu Konsortialnoten erklärten eigenen Noten der italienischen Nationalbank sollten den allgemeinen Annahmezwang und die Uneinlösbarkeit verlieren:

am 1. Januar	1877	die Noten zu Lire	1 und 2	gegen definitive Konsortialnoten umzutauschen.
„ 1. Mai	1877	„ „ „ „	5 „ 10	
„ 1. August	1877	„ „ „ „	20	
„ 1. April	1878	„ „ „ „	250 „ 1000	

Da das Konsortium mit der Herstellung der neuen Noten beauftragt war, und da es selbst das größte Interesse daran hatte, daß die eigenen Noten seiner Mitglieder möglichst lange den allgemeinen Annahmezwang genossen, so konnte der Umtausch infolge Verzögerung in der Herstellung der entsprechenden Notenmengen nicht zu den mitgeteilten Zeitabschnitten erfolgen und war selbst bei der Abschaffung des Zwangskurses im Jahr 1883 noch nicht abgeschlossen.

Die in bedeutender Menge in den Verkehr gebrachten Konsortialnoten niederer Stückelung zu $^1/_2$, 1 und 2 Lire sollten ein energisches Vorgehen der Regierung gegen die ungesetzliche Ausgabe von Privatnoten möglich machen. Da aber trotz des in Art. 1 des Gesetzes vom 30. April 1874 ausgesprochenen Verbotes die Vermehrung der Privatnoten andauerte, wies der Minister für Ackerbau und Handel durch ein Zirkular vom 23. August 1874 die Präfekten an, die Gemeinden darauf aufmerksam zu machen, daß gemäß Art. 30 des Konsortialgesetzes die von diesen ausgegebenen Scheine vor dem 30. Juni 1875 zurückgezogen sein mußten, und die Gemeinden die zur Einlösung in Bank- oder Konsortialnoten erforderlichen Summen aufzubringen hatten.

Die näheren Bestimmungen zur Zurückziehung der ungesetzlichen Noten enthielt das Dekret vom 13. Dezember 1874. Hiernach erhielten die Präfekten bezw. Unterpräfekten die Befugnis, bei allen an der ungesetzlichen Notenausgabe beteiligten Körperschaften und Privaten durch eine eingehende Prüfung der Bücher den Umfang der ausgegebenen Noten festzustellen und dabei die zu weiterer Ausgabe vorrätig gehaltenen Privatnoten mit Beschlag zu belegen. Dazu mußten sämtliche beteiligten Banken bis 31. Dezember 1875 jeden Monat eine genaue Aufstellung ihrer noch umlaufenden Noten einreichen, während des Septembers 1875 durch dreimaligen Aufruf im zuständigen

Amtsverkündiger die Inhaber ihrer Privatnoten zur Einlösung auffordern und hatten während der ersten 10 Tage des Monats Januar 1876 dem Präfekten oder Unterpräfekten eine genaue Aufstellung der aus dem Verkehr zurückgezogenen und der noch umlaufenden Noten einzureichen. Für die bis 31. Dezember 1875 nicht eingelösten Scheine hatten die betreffenden Banken eine entsprechende Summe bei der amtlichen Hinterlegungsstelle einzuzahlen und von 1876 bis 1880 während der letzten 8 Tage eines jeden Halbjahres die Einlösung ihrer Privatnoten vorzunehmen. Für die bis Februar 1881 nicht eingelösten Scheine sollte die Hälfte des noch hinterlegten Betrages dem Hinterleger zurückgegeben, die andere Hälfte zur Verfügung des Staatsschatzamtes gestellt werden.

Auf die von den ländlichen Kreditanstalten seit 1869 ausgegebenen Agrarnoten fanden diese Bestimmungen nur dann Anwendung, wenn deren Stückelung weniger wie 30 Lire betrug und dadurch gegen die Bestimmungen des Gesetzes vom 21. Juni 1869 verstieß.

Die an der unerlaubten Notenausgabe beteiligten Kommunalverbände wurden gezwungen, für das Jahr 1875 die zur Einlösung erforderlichen Summen in ihre Budgets einzustellen und im März 1875 zur Einlösung aufzufordern.

Durch diese Vorkehrung wurde die gesetzlich verbotene Ausgabe von Privatnoten augenblicklich zwar vermindert; dieselbe lebte aber bei der lauen Durchführung der betreffenden Gesetze selbst nach Abschaffung des Zwangskurses weiter und kam gegen Ende des 19. Jahrhundert erneut zu hoher Blüte.

Besondere Beachtung verdienen die Art. 2, 6 und 18 des Regolamento. Die beiden ersten Artikel übertrugen die Überwachung aller Vorgänge, die mit dem Annahmezwang und der Einlösung der Noten der sechs Banken zusammenhingen, dem Ministerium, den beim Konsortium und den Hauptniederlassungen der Banken eingesetzten Regierungskommissaren und den Präfekten. Beschwerden über Verzögerung in der Einlösung oder über Nichteinlösung von Noten seitens der Banken waren an den Präfekten oder Regierungskommissar zu richten, welche zur Abstellung solcher Vorkommnisse zum Erlaß entsprechender Verfügungen ermächtigt waren. Der besonders wichtige Art. 6 räumte dem Ministerium grundsätzlich die Oberaufsicht über die Höhe des Notenumlaufes und die Einlösung der Noten ein und ermächtigte dasselbe zum Erlaß hierfür in Betracht kommender Verfügungen. Alles anscheinend lediglich in der wohlgemeinten Absicht einer genauen Überwachung der betreffenden Gesetzgebung erlassene Vorschriften? Die schwerwiegende Bedeutung dieser Artikel lag jedoch darin, daß dem Ministerium vorerst noch innerhalb der durch die Gesetze über das Notenkonsortium gezogenen Schranken — da es der erste unauffällige Versuch war — ein ziemlich freier Spielraum zum Erlaß von Verfügungen in Sachen der Verwaltung des Geldwesens eingeräumt und damit der Grund gelegt wurde zu einer Weiterentwickelung dieses nicht bemerkten Versuches zur Schaffung einer zunächst noch im Rahmen der bestehenden Gesetze über einen Teil des staatlichen Geldes sich betätigenden lytrischen Verwaltung bis zur Umbildung der bisher rein privatrechtlich behandelten Rechtssätze über Anspruch auf Einlösung von Noten und ähnlicher in Sätze öffentlich rechtlicher Natur. Darauf kommen wir bei der Darstellung der Währungsänderung des Jahres 1883 und deren Ausgang zurück.

Der Schwerpunkt des Konsortialgesetzes lag in der durch Ausgabe besonders kenntlich gemachter Konsortialnoten durchgeführten scharfen Trennung der für Rechnung des Staates auszugebenden Noten von den für Rechnung der italienischen Nationalbank umlaufenden eigenen Noten, wodurch die verschiedenen Arten des staatlichen Geldes um eine neue, die Konsortialnote, vermehrt wurden; dabei trat folgende Änderung in der funktionellen Stellung der einzelnen staatlichen Zahlungsmittel ein.

Bis 30. April 1874 waren die Noten der italienischen Nationalbank Währungsgeld im engeren Sinne; denn einmal waren dieselben rechtlich und tatsächlich uneinlösbar (definitiv), und dann leistete die Regierung damit letzlich alle Zahlungen innerhalb der Landesgrenzen. Mit dem Erlaß des Konsortialgesetzes mußten die bisher valutarischen Noten der italienischen Nationalbank aber gegen die neuen uneinlösbaren Konsortialnoten umgetauscht werden — ohne daß der allgemeine Annahmezwang in Fortfall gekommen wäre — und wurden dadurch einlösbares (provisorisches) Kurantgeld in akzessorischer Stellung. Damit wurden die bisherigen einlösbaren papyroplatischen Kurantgeldarten, verkörpert durch die Noten der beiden toskaner Banken, die festgestückelten Zertifikate und die später ausgegebenen Noten der beiden süditalienischen Banken, durch eine neue in Form der eigenen Noten der italienischen Nationalbank vermehrt.

Um aber entsprechend dem Sinne des Gesetzgebers die bisher bestehende örtliche Beschränkung des Annahmezwanges (regionalismo) der eigenen Noten und der in fester Stückelung ausgegebenen Zertifikate der 4 kleinen Notenbanken einheitlich zu regeln, traf das Konsortialgesetz die Bestimmung, daß dieselben künftig im ganzen Königreich überall da angenommen werden mußten, wo die betreffende Bank eine Zweigstelle oder überhaupt eine Geschäftsstelle hatte, die zur vorgeschriebenen Einlösung ihrer etwa vorgelegten Noten in der Lage war (Art. 15). Damit verloren die Noten der beiden toskaner Banken und ebenso die in fester Stückelung ausgegebenen Zertifikate und die später ausgegebenen Noten der süditalienischen Banken ihren Charakter als Provinzialgeld.

Die seit 2. Mai 1866 in Form der giralen *fedi* und *polizze* vorhandenen giralen Zahlungsmittel mit regional unbeschränktem Annahmezwang verloren 1875 zwar ihren Annahmezwang gegenüber den Privaten ihrer Zahlgemeinschaften, behielten aber auch fernerhin ihren Kassenkurs innerhalb der betreffenden Provinzen (fakultative girale Zahlungsmittel).

Für das Währungsgeld im engeren Sinne, also für jene Geldart, die rechtlich uneinlösbar, definitiv, war und von den öffentlichen Kassen zu allen Zahlungen unbeschränkt verwendet wurde, kamen also nur die 1000 Millionen Lire Konsortialnoten in Betracht. Doch hat diese Feststellung nur theoretische Bedeutung, da es zu einer ausschließlich aufdrängbaren Verwendung der Konsortialnoten wegen des entgegen den Bestimmungen des Kons.-Ges. von Jahr zu Jahr verlängerten allgemeinen Annahmezwanges der eigenen Noten der Banken nie kam, d. h. die öffentlichen Kassen verwendeten zu allen Zahlungen Konsortialnoten und eigene Noten der Banken ohne Unterschied.

Eine für die Notenbanken empfindliche Änderung brachte das Gesetz vom 30. Juni 1878. Der Art. 3 desselben hob die in Artikel 16 des Kons.-Ges. getroffene Bestimmung auf, daß die Banken den von der Sperrung befreiten Teil der als Notendeckung dienenden Metallreserve durch Anlage in kurzfristigen Wechseln und vom Staate garantierten Papieren nutzbar machen durften.

Um eine gesteigerte Verwendung der zur Erleichterung des kleinen Zahlungsverkehrs seit 1868 im Betrag von 30 Millionen Lire ausgegebenen Bronzemünzen auch gesetzlich zu ermöglichen, wurde auf die Dauer des ferneren Bestehens des Zwangskurses durch Art. 5 des vorhin erwähnten Gesetzes die kritische Annahmegrenze für Bronzemünzen bei allen Zahlungen der öffentlichen Kassen an Private auf 2 Lire erhöht und auch deren Verwendung zu Zahlungen an den Staat bis zum Betrag von 1 % bei jeder Zahlung zugelassen; ausgenommen hiervon blieben die Bezahlung der vom Staate verkauften Schuldtitel (Anleihen, Schatzscheine), ferner die Zollzahlungen und die ausdrücklich in Gold oder Silber zu erfüllenden Zahlungsverpflichtungen (Wechsel, kaufmännische Ordrepapiere). Eine Überschreitung auch dieser auf 2 Lire festgesetzten kritischen Annahmehöhe für Bronzemünzen bei Zahlungen der staatlichen Kassen an Private war für die Fälle gestattet, wo es sich um Auszahlung von Löhnungen, Beamtengehältern und Ruhegehältern handelte, bei denen die Verwendung dieser Münzen bis zu 1 % des jeweils auszuzahlenden Betrages zugelassen war.

Der Umlauf der beiden süditalienischen Banken an giralen Zahlungsmitteln und Zertifikaten in fester Stückelung (fedi und polizzini del cassiere) hatte folgenden Umfang erreicht, in Millionen Lire:

	Bank von Neapel		Bank von Sizilien	
	Girale Zahlungsmittel	Certifikate in fester Stückelung	Girale Zahlungsmittel	Certifikate in fester Stückelung
1869	38,3	66,0	15,5	
1870	35,1	78,0	21,0	
1871	40,0	112,0	16,9	14,0
1872	49,5	139,9	17,5	27,3
1373	46,2	149,1	22,6	33,7
1874	44,7	149,0	24,1	33,5

Auf Verlangen wurde 1877 die Bank von Neapel zum Ersatz ihrer im Betrag von 146,250,000 Lire umlaufenden fest gestückelten „fedi del cassiere", die, wie wir früher zeigten, in Wirklichkeit schon Banknoten waren, durch auch äußerlich als Banknoten gekennzeichnete Scheine in der für die eigenen Noten der Banken vorgeschriebenen Stückelung ermächtigt. Desgleichen zog 1879 die Bank von Sizilien ihre Zertifikate in fester Stückelung im Betrage von 36 Millionen Lire ein und gab für denselben Betrag Banknoten aus. Damit wurde die seit Mai 1866 von den beiden Banken vorgenommene Umwandlung eines Teiles der giralen Zahlungsmittel (fedi und polizze) zunächst in fedi und polizze fester Stückelung, die ihrem Wesen nach schon Banknoten waren (siehe Seite 71 ff.), durch Ausgabe formaler Banknoten in den Jahren 1877/79 auch äußerlich zum Abschluß gebracht.

Der Höchstbetrag der für Rechnung des Staates auszugebenden Konsortialnoten war im Konsortialgesetz auf 1000 Millionen Lire festgesetzt worden. Über die Bewegungen der von den 6 Banken für eigene Rechnung ausgegebenen Notenmengen gibt folgende, dem am 30. November 1883 erstatteten Bericht des Generalinspektors der Notenbanken, G. Mirone, entnommene Aufstellung Auskunft:

	Umlauf von Banknoten und Certifikaten in fester Stückelung am 31. Dezember						Umlauf giraler Zahlungsmittel der	
	Italienische Nationalbank	Römische Bank	Toskanische Nationalbank	Bank von Neapel	Toskanische Kreditbank	Bank von Sizilien	Bank von Neapel	Bank von Sizilien
1875	365,394,604	41,313,414	60,520,519	112,200,651	12,487,690	29,320,953	32,466,927	13,692,965
1876	391,230,589	42,925,496	50,269,462	115,437,261	13,502,940	32,663,689	39,636,393	16,110,416
1877	368,017,033	41,564,941	54,077,999	116,123,952	14,780,540	33,996,126	42,598,847	18,586,640
1878	423,869,733	41,473,063	52,548,100	110,429,598	12,194,640	31,768,184	46,239,519	20,465,337
1879	441,107,163	43,518,741	59,241,300	144,795,317	14,028,690	29,752,123	49,115,989	22,115,912
1880	446,525,993	44,503,927	52,170,550	142,871,771	11,542,490	31,353,549	53,069,413	30,560,300
1881	461,752,718	44,042,572	45,487,450	139,944,014	14,961,920	29,390,523	48,402,205	27,856,637
1882	445,486,588	45,277,621	49,725,550	144,520,560	14,895,770	32,467,578	44,326,737	27,085,597

III. Teil.

DER VERSUCH ZUR WIEDERHERSTELLUNG DER GOLDWÄHRUNG 1883—1892.

§ 6. DIE EINLÖSUNG DER KONSORTIALNOTEN IN METALLGELD UND STAATSNOTEN. (ABSCHAFFUNG DES ZWANGSKURSES.)

Seit der Währungsänderung vom 2. Mai 1866 hatte es nicht an Vorschlägen zur Abschaffung des Zwangskurses gefehlt; Vorschläge, die aber alle an dem non possumus des Finanzministers scheiterten. Die Regierung trat der Frage daher ernstlich erst näher, als sich nach 1873 die ersten Anzeichen einer Besserung in der Finanzlage des Staates bemerkbar machten.

Abschaffung des Zwangskurses bedeutete Änderung der Währung; welche Geldart sollte an Stelle der bisher valutarisch behandelten Konsortialnoten treten? Zur Beantwortung der Frage kamen für Italien folgende Gesichtspunkte in Betracht. Italien gehörte nach wie vor dem lateinischen Münzbunde an, hatte aber gerade in seiner Stellung als Münzgenosse nach der Währungsänderung von 1866 die allerschlimmsten Erfahrungen in bezug auf seine gemünzten Zahlungsmittel gemacht, so daß die Stimmung bei Theoretikern und Praktikern überwiegend in einem „Los vom Münzbund" und zwar noch vor Wiedereinführung einer Metallwährung sich geltend machte. Daß es sich beim Übergang zu einer Metallwährung aus handelspolitischen Gründen nur um Goldwährung handeln konnte und durfte, darüber bestand kein Zweifel. Da aber Italien auf Grund der Münzkonferenz von 1878 dem Münzbund bis 1. Januar 1886 angehörte, so waren, wenn innerhalb dieses Zeitabschnittes der Übergang zu einer Goldwährung erfolgen sollte, Stückelung und hylogenische Norm der neuen valutarisch zu behandelnden Goldmünzen durch die völkerrechtlichen Bestimmungen des Münzvertrages genau vorgeschrieben. Die Durchführung einer Goldwährung vor dem 1. Januar 1886 unter Verletzung der Bestimmungen des Münzvertrages war bei der damaligen äußeren Politik Italiens als Bruch des Völkerrechts, besonders gegenüber Frankreich ausgeschlossen, ganz abgesehen davon, daß dann Italien sofort die bei den andern Vertragsstaaten angesammelten Silberscheidemünzen gegen goldene oder silberne Kurantmünzen des Bundes hätte zurücknehmen müssen, worauf seitens der betreffenden Staaten bisher zugunsten Italiens verzichtet worden war. Vor allem mußten derartige Pläne an der Erkenntnis scheitern, daß die Rückkehr zu einer Goldwährung, wie sie bis 1866 bestanden hatte, nur unter Inanspruchnahme ausländischen Kredits in Form einer großen Goldanleihe zu bewerkstelligen war. Aus dem Grund konnte auch von einem Austritt Italiens aus dem Münzbund keine Rede sein, da in diesem Fall die italienische Währungspolitik zwar ihre eigenen Wege hätte gehen können, sich damit aber zugleich das wichtigste Gebiet für Unterbringung der Goldanleihe, Frankreich, verschlossen hätte, wodurch die Möglichkeit der ganzen Reform mehr wie fraglich geworden wäre. Zudem war es von größtem Interesse, die Währungsänderung noch in Angriff zu nehmen, ehe der Überschuß in den Staatseinnahmen wieder verschwand oder gar negativ wurde.

Daher schlug Italien den damals einzig möglichen Weg ein; es gab seinen Münzgenossen unter Betonung der von denselben oft beklagten Tatsache, daß durch die jahrzehntelange sogenannte Papierwirtschaft das Ansehen des ganzen Bundes erheblichen Schaden erleide, die Absicht kund, unter Aufrechterhaltung des Münzvertrages wieder zu einem Metallgeldumlauf mit valutarischer Behandlung der Goldmünzen übergehen zu wollen, vorausgesetzt daß die Mitglieder des Bundes hierbei ihre Unterstützung zusagten.

In ihrem ganzen Umfange bedeutete die geplante Reform eben nicht nur eine Währungsänderung im engeren Sinne, d. h. Ersatz der bisherigen valutarischen Konsortialnoten durch Goldmünzen, sondern es handelte sich für Italien darüber hinaus um Wiederherstellung eines Metallgeldumlaufes überhaupt und zwar mit Hilfe des Bundes, da außer den goldenen und silbernen Kurantmünzen auch die silbernen Scheidemünzen nach den Vertragsstaaten gewandert waren, und eine Neuausprägung infolge der Kontingentierung durch den Bund ausgeschlossen war. Für den Gang der Währungsreform ergab sich daher die aus der Natur der Sache folgende Zweiteilung:

Der finanzpolitische Teil: Rückkauf der silbernen Scheidemünzen von den Münzgenossen und Beschaffung der Goldmünzen mittels einer Anleihe;

der lytropolitische Teil: Ersatz der valutarischen Konsortialnoten teils durch valutarisch zu behandelnde Goldmünzen, teils durch silberne Kurant- und Scheidemünzen. Hierher gehört auch der gewöhnlich zu wenig beachtete Teil der Reform, Schaffung von im Zahlungsverkehr Metallgeld ersparenden Einrichtungen durch die gesetzliche Regelung des Scheckwesens in engstem Zusammenhange mit der Errichtung der „stanze di compensazione", der Clearinghouseeinrichtung, durch den Staat.

So lange dem Silber die hylische Eigenschaft d. h. die rechtliche Eigenschaft, unbeschränkt in Kurantmünzen der Vertragsstaaten verwandelt zu werden, belassen wurde, bedeutete die Zurücknahme der italienischen Silberscheidemünzen keine allzugroße Belastung des Budgets, da Italien noch über bedeutende Vorräte an eingezogenen bourbonischen Silbermünzen verfügte, die leicht in Scudi verwandelbar waren. Die Frage der Zurücknahme wurde aber brennend, als auf der Münzkonferenz von 1874 zum Schutze gegen die den andern Vertragsstaaten drohende Überschwemmung mit Fünfliretalern (Silberobstruktion) der unbeschränkten Verwandelbarkeit des weißen Metalles in Fünffrankentaler durch die Kontingentierung der jährlich von den Münzgenossen auszuprägenden Silberscudi ein Ende gemacht wurde. Italien trat daher wegen Zurücknahme seiner Silberscheidemünzen mit den Vertragsstaaten in Verhandlungen, die auf der sowohl über das endgültige Schicksal des weißen Metalles als Münzmetall, als auch über die Fortdauer des Münzvereines entscheidenden Konferenz von 1878 ihren Abschluß fanden.

Auf Grund der neuen Konvention vom 5. November 1878 hörte die Ausprägung der Fünffrankentaler seitens der Münzvereinsstaaten auf, und die Wiederaufnahme derselben wurde von der vollständigen Übereinstimmung der vertragschließenden Teile abhängig gemacht; Italien erhielt ausnahmsweise wegen der beabsichtigten Zurücknahme seiner silbernen Teilmünzen für das Jahr 1879 die Herstellung von Silberscudi im Betrag von 20 Millionen Lire zugesichert. Außer der neuen Kontingentierung der Silberteilmünzen — das Kontingent Italiens wurde dabei auf 170 Millionen erhöht — blieben die alten Bestimmungen über die technische Herstellung der Gold- und Silbermünzen und ihre Verwendung als Bundesgeld ohne wesentliche Änderung weiter bestehen. Die für Italien wichtigen Bestimmungen über die Zurücknahme seiner Silberscheidemünzen wurden im Art. 8 der Konvention, besonders im Arrangement bezüglich der Ausführung des Art. 8 und im Acte Additionnel zum Arrangement niedergelegt.

Die französische und italienische Regierung hatten den Betrag der nach den Vertragsstaaten gewanderten italienischen Silberscheidemünzen auf insgesamt 100 Millionen Lire geschätzt, woran Frankreich mit 87 Millionen, die drei anderen Staaten mit 13 Millionen beteiligt waren. Die vier Vertragsstaaten verpflichteten sich, bis zu diesem schätzungsweise festgestellten Betrag die italienischen Scheidemünzen zu 20 und 50 Centesimi, 1 und 2 Lire aus dem Verkehr zu ziehen und an Frankreich abzuliefern, das die Sammlung und Übergabe derselben an Italien und ebenso die Abrechnung für die anderen Staaten vermittelte. Die Einziehung sollte bis 31. Dezember 1879 beendigt sein, und von dem Zeitpunkt an bis zur Abschaffung des Zwangskurses der Konsortialnoten wurden auch keine italienischen Teilmünzen mehr an den öffentlichen Kassen der Münzgenossen in Zahlung genommen.

Die Zurücknahme seitens Italiens hatte in folgenden Raten zu erfolgen:

13,000,000	in den ersten 15 Tagen des Januars	1880
17,000,000	im Lauf des Jahres	1880
23,300,000	" " " "	1881
23,300,000	" " " "	1882
23,400,000	" " " "	1883.

Die 100 Millionen waren mit 3 % zu verzinsen von dem Tage an, an dem die Teilmünzen ihren Kassenkurs in den Vertragsstaaten verloren, bis zur Zurücknahme beziehungsweise Bezahlung, welche mittels goldener oder silberner Kurantmünzen des Bundes, auf Paris gezogenen Wechseln und in Paris zahlbaren italienischen Schatzscheinen erfolgen durfte. Der Zinsenaufwand bis zur völligen Zurücknahme betrug bei dem vereinbarten Zinsfuß von 3 %:[1])

1880	Zinsen v.	1.—15. Januar	für	13,000,000 L.:		16,250 L.
1880	" "	1./I.—31./XII.	"	87,000,000 " :		2,610,000 L.
1881	" "	"	"	70,000,000 " :		2,100,000 L.
1882	" "	"	"	46,700,000 " :		1,401,000 L.
1883	" "	"	"	23,400,000 " :		702,000 L.
					Summa	6,829,250 L.

Rechnen wir zu obiger Summe noch den für Transportspesen und ähnliches festgesetzten Höchstbetrag von 250,000 Lire, so kostete Italien die Zurücknahme seiner 100 Millionen Silberteilmünzen 107,079,250 Lire.

Obgleich Italien im Art. 8 der Konvention von 1878 die Zurücknahme seiner Silberscheidemünzen mit der Erklärung begründet hatte, dieselben zur Einlösung der Noten unter 5 Lire zu verwenden, begnügten sich die Vertragsstaaten damit nicht, sondern verlangten weitgehende Garantien, daß die betreffenden Münzen auch wirklich in der angegebenen Absicht Verwendung finden würden. Die gewünschte Versicherung gab Italien in folgender Form.

Die Regierung verpflichtete sich gegenüber jedem der vier Vertragsstaaten, den Umtausch der Noten unter 5 Lire

[1]) Nach S. Cognetti de Martiis, Il nuovo patto della Unione Monetaria Latina.

gegen die Silberteilmünzen längstens innerhalb 6 Monaten nach der vollständigen Zurücknahme derselben auszuführen, die zurückgezogenen Noten zu vernichten und im Hinblick auf die bevorstehende Rückkehr zu einem Metallgeldumlaufe überhaupt keine neuen Scheine in dieser Stückelung mehr auszugeben; über den Stand des Umtausches und die Vernichtung der zurückgezogenen Scheine hatte die Regierung jedem der Münzgenossen innerhalb vier Monaten nach Ausführung dieser Bestimmungen Bericht zu erstatten. Um ferner jeden Mißbrauch in der Verwendung der Silberscheidemünzen auszuschließen, wurde die bisher ausschließlich für die Silbermünzen niederer Stückelung bestehende Kontingentierung für Italien auch auf die Noten unter 5 Lire ausgedehnt, so daß also die in den Verkehr gebrachten Silberteilmünzen und die noch nicht eingezogenen Konsortialnoten unter 5 Lire zusammen nicht mehr wie 6 Franken auf den Kopf der Bevölkerung ausmachen durften.

Die Eingehung dieser Bestimmungen seitens der italienischen Regierungsvertreter entfesselte im ganzen Lande einen Sturm der Entrüstung. „Man hat den italienischen Notenumlauf unter die Kontrolle einer Kommission von fremden Regierungen gestellt; es genügte scheinbar nicht, daß Italien sein Wort gab, seine Noten einzulösen; ein internationaler Vertrag kann nicht, ja darf sich nicht mit der Papiergeldzirkulation eines Staates beschäftigen, da dieses Papiergeld auch nur innerhalb der Grenze des nationalen Territoriums gilt und verwendbar ist und nicht außerhalb desselben;“ so und ähnlich lauteten in Italien die Urteile über die neue Konvention.

Im Folgenden gehen wir auf die Bestimmungen der neuen Münzkonvention, besonders auf die völkerrechtliche Seite derselben ein. Die Gründung des Münzbundes fand in der Weise statt, daß die selbständigen Staaten Frankreich, Italien, Belgien und die Schweiz die Absicht äußerten, die Herstellung ihrer Gold- und Silbermünzen nach einem einheitlichen Münzsysteme auszuführen und ebenso die Verwendung dieser physikalisch gleichartigen Münzen als gesetzliches Zahlungsmittel in jedem der vier Staaten einheitlich zu regeln. Auf der zu diesem Zweck

1865 einberufenen Münzkonferenz wurde der zur einheitlichen Durchführung in der Herstellung und Verwendung der auszuprägenden Münzen erforderliche Plan ausgearbeitet, und die vier Staaten verpflichteten sich unter einander durch völkerrechtliche Verträge, die getroffenen Vereinbarungen zur Richtschnur ihrer Gesetzgebungen über das Geldwesen zu machen. Jedem Staat blieb also die Regelung seiner Geldverfassung auch weiterhin völlig selbst überlassen; insbesondere fehlte jede über dem einzelnen Staate stehende Gewalt z. B. der Gesamtheit der anderen Vertragsstaaten, die die Durchführung der vereinbarten Bestimmungen hätte erzwingen können. Für den Fall, daß einer der Vertragsstaaten in seiner Münzgesetzgebung von den getroffenen Vereinbarungen abwich, blieb es jedem einzelnen der andern Vertragsstaaten überlassen, die Befolgung des Vertrages mit den Mitteln des Völkerrechtes zu erzwingen, vorausgesetzt, daß der betreffende Staat über die nötigen Machtmittel hierzu verfügte. Es handelte sich also beim lateinischen Münzbund nicht um einen Bund im staatsrechtlichen Sinne, sondern um einen Staatenverein, einen Staatenverband rein völkerrechtlicher Natur.

In den Ausführungsbestimmungen zum Art. 8 der Münzkonvention von 1878 handelte es sich aber nicht mehr um eine gleichmäßige Begründung von völkerrechtlichen Verpflichtungen der Münzbundstaaten unter einander, sondern Italien allein verpflichtete sich durch Staatsverträge gegenüber jedem Vertragsstaate, seine bisher valutarischen Noten unter 5 Lire unter der Kontrolle der Münzgenossen den Bestimmungen der Kontingentierung seiner Silberscheidemünzen zu unterwerfen, und gestattete dadurch den anderen Staaten einen weitgehenden Eingriff in einen Teil seiner Herrschaftsrechte als souveräner Staat, nämlich in die wichtige Entscheidung über sein valutarisches Geld. Hiermit schritten die Münzbundstaaten zum erstenmal zur Geltendmachung einer tatsächlichen Bundesgewalt gegenüber einem ihrer Mitglieder, und es war daher begreiflich, daß dieser Vorgang das nationale Selbständigkeitsgefühl der Italiener aufs heftigste verletzen mußte.

Die Unzufriedenheit über die neue Konvention blieb nicht auf Italien beschränkt; der französischen Regierung machte Cernuschi den Vorwurf, durch die Bestimmungen des Art. 9 der Konvention d. h. durch die Bedingung der notwendigen einmütigen Übereinstimmung zwecks Wiederaufnahme der Prägung von 5-Frankentalern werde der freie Entschluß der französischen Nation gegebenenfalls von Italien, der Schweiz, Belgien oder Griechenland bevormundet. Der lateinische Münzbund war also nur lebensfähig, solange er sich den Charakter des rein völkerrechtlichen Staatenvereins bewahrte.

Der Schwerpunkt unter den finanzpolitischen Vorkehrungen zur Abschaffung des Zwangskurses lag natürlich auf der Beschaffung der zur Einlösung der großen Masse von Konsortialnoten erforderlichen Gold- und Silbermünzen. Das Gesetz vom 7. April 1881, das die baldige Abschaffung des Zwangskurses in Aussicht stellte, ermächtigte in Art. 10 die Regierung, sich zu diesem Zweck bis Ende 1882 mittels einer hauptsächlich im Ausland unterzubringenden Anleihe 644 Millionen Lire, davon wenigstens 400 Millionen in Gold zu verschaffen. Um es der Regierung zu ermöglichen, die ihr von der italienischen Nationalbank in Gold vorgestreckten 44,334,975.22 Lire vor der Einlösung der Konsortialnoten zurückzuzahlen, wurde die in Gold einzuzahlende Quote nachträglich auf 444 Millionen Lire erhöht.

Die Unterbringung der 5 % Consols übernahmen die Vertreter verschiedener Finanzgruppen: für Italien die italienische Nationalbank und der Credito mobiliare, für Frankreich die Banque d'escompte und für England Baring Brothers und Hambro and Sons.

Da sich die Hoffnung der Regierung, mit dem ersten Januar 1883 mit der Einlösung der Konsortialnoten beginnen zu können, als trügerisch erwies, wurde die Frist für die Restzahlungen der Anleihezeichner bis 15. Februar 1883 verlängert, dafür aber der in Gold einzuzahlende Teilbetrag um weitere 47 Millionen erhöht, so daß also die Anleihe 491 Millionen in Gold und 153 Millionen in Silber erbrachte. Von der in Gold eingezahlten Summe bestanden 338,068,415 Lire in Goldmünzen des Bundes, 129,578,215.62 Lire in deutschen, englischen, amerikanischen, russischen und spanischen Goldmünzen, der Rest 23,353,369.46 Lire in Barrengold. Den Hauptbestandteil der 153 Millionen Lire Silber bildeten italienische Silberscudi, die aus den Staaten des Münzvereins herrührten. Damit waren die im Gesetz getroffenen Voraussetzungen für eine Änderung der Währung im Sinne der Rückkehr zu einem Metallgeldumlaufe, in dem die Goldmünzen vorherrschen sollten, erfüllt.

Währungsgeld waren seit 1874 die Konsortialnoten, da der Staat innerhalb der Landesgrenzen alle Zahlungen damit leistete, während die für eigene Rechnung der Notenbanken ausgegebenen Scheine, wie wir schon früher sahen, als papyroplatisches Kurantgeld sich in akzessorischer Stellung befanden.

Die näheren Bestimmungen über die Durchführung der Währungsänderung wurden niedergelegt im Ges. vom 7. April 1881, in den Ausführungsbestimmungen dazu vom 16. Juni 1881, ferner im Ges. vom 1. März 1883 und in einigen kleineren Dekreten der Jahre 1882—1884.

Mit dem 30. Juni 1881 hörte das Konsortium der Notenbanken auf zu bestehen, und vom 1. Juli desselben Jahres ab wurden die 940 Millionen Konsortialnoten rechtlich in Staatsnoten verwandelt. 600 Millionen Lire dieser Konsortialnoten entschloß sich die Regierung gegen Ausgabe der aus der Anleihe und der Zurücknahme der Silberscheidemünzen zur Verfügung stehenden Gold- und Silbermünzen aus dem Verkehr zu ziehen und zu vernichten, während die übrigen 340 Millionen als Staatsnoten weiter im Umlauf blieben und zu dem Zweck gegen neuherzustellende, die Bezeichnung „Staatsnoten“ tragende Scheine umgetauscht werden mußten.

Ende 1880 betrug der Umlauf der Konsortialnoten 940 Millionen Lire, derjenige der Noten der sechs Banken 748 Millionen und setzte sich 1881 zusammen aus den für eigene Rechnung der Banken umlaufenden Noten, den 1874 provisorisch zu Konsortialnoten erklärten Scheinen der italienischen Nationalbank in derselben äußeren Form wie die eigenen Noten der Nationalbank und endlich aus den definitiven Konsortialnoten, die zur Unterscheidung von den andern auf weißes Papier gedruckt waren.

Daß die provisorischen Konsortialnoten noch nicht verschwunden, d. h. gegen definitive umgetauscht waren, beruhte, wie schon früher erwähnt, auf der absichtlichen Verzögerung seitens der Notenbanken. Da aber eine Einlösung der Konsortialnoten in Metallgeld unmöglich war, solange nicht der Umtausch der provisorischen gegen definitive durchgeführt war, wurde vom 1. Juli 1881 ab erneut zum Umtausch aufgefordert und für die bis 1. Juli 1886 nicht umgetauschten provisorischen Konsortialnoten zugunsten des Staates die Verrufung festgesetzt.

Ein großer Teil der auf weißes Papier gedruckten definitiven Konsortialnoten befand sich jedoch infolge Beschmutzung oder Beschädigung in einer Verfassung, die eine weitere Verwendung im Zahlungsverkehr selbst bis zur baldigen Einlösung unmöglich machte. Zum Ersatz derselben erfolgte die Ausgabe neuer Stücke zu Lire 1, 2, 5, 10, 20, 100, 250 und 1000, die zur Unterscheidung von den alten definitiven Konsortialnoten die Aufschrift „Biglietto già consorziale a corso forzoso ed inconvertibile“ (ehemalige Konsortialnote) erhielten.

Die zur vollständigen Einlösung in Metallgeld bestimmten Noten setzten sich also ihrer äußeren Form und Stückelung nach zusammen aus den nach 1874 geschaffenen definitiven Konsortialnoten und den seit Dezember 1881 und 1882 von der Regierung zum teilweisen Ersatz ersterer ausgegebenen, die Bezeichnung „ehemalige Konsortialnote“ tragenden Scheinen in der gemeinsamen Stückelung zu 1, 2, 20, 100, 250 und 1000 Lire; dazu gehörte noch der nur in der Form der definitiven Konsortialnote vorhandene Schein zu 50 Centesimi.

Von den Konsortialnoten zu 5 Lire (consorziale e già consorziale) wurden 105,400,180 Lire in Metallgeld eingelöst, der Rest gegen die neuen Staatsnoten zu 5 Lire umgetauscht. Dagegen wurden sämtliche Konsortialnoten zu Lire 10 durch entsprechend gestückelte Staatsnoten ersetzt.

Für die Ausgabe der neuen Staatsnoten waren vorgesehen:

240	Millionen	Lire	in	Scheinen	zu	Lire	10
100	„	„	„	„	„	„	5

Sämtliche Noten, sowohl das Biglietto consorziale und già consorziale als auch die für eigene Rechnung der Banken umlaufenden Scheine behielten weiterhin allgemeinen Annahmezwang; die ersteren vernichtete die Regierung nach erfolgter Einlösung, die letzteren sollten die Banken einlösen, konnten dieselben aber wegen des corso legale auch weiterhin wieder zu Zahlungen verwenden. In gleicher Weise genossen auch die neuen Staatsnoten allgemeinen Annahmezwang, wobei aber das in der Aufschrift derselben „Biglietto di Stato, a corso legale, convertibile al portatore e a vista in moneta metallica" enthaltene Einlösungsversprechen nur den guten Willen der Regierung ausdrückte, ihre Staatsnoten bei einer weiteren anhaltenden Besserung der Staatsfinanzen einzulösen, da als einzige gesetzliche Deckung in Ermangelung entsprechender Metallgeldvorräte italienische Rente zum damaligen Kurswerte von 350 Millionen Lire vom Staat hinterlegt worden war. Nach Art. 102 des Regolamento vom 16. Juni 81 beabsichtigte die Regierung die aus der Bilanz sich etwa ergebenden jährlichen Überschüsse zur allmählichen Einlösung und Tilgung der Staatsnoten zu verwenden.

Die Einlösung der Konsortialnoten in Metallgeld bzw. in Staatsnoten begann mit dem 12. April 1883.

Sämtliche Scheine zu 50 Centesimi, 1 und 2 Lire wurden an allen Schatzämtern des Staates gemäß den Bestimmungen der Münzkonvention von 1878 gegen entsprechende silberne Scheidemünzen umgetauscht. Nicht mehr ausgegeben wurden von den staatlichen Kassen und Schatzämtern die Silbermünzen zu 20 Centesimi, die am 1. August 1883 den corso legale verloren und bis Ende des Jahres gegen andere Silberscheidemünzen umgewechselt wurden, deren Verteilung innerhalb des Kontingents von 170 Millionen 1883 folgendermaßen geregelt wurde:[1])

[1]) Dekr. v. 8. Juli 1883.

60 Millionen in 2 Lirestücken
70 „ „ 1 „
40 „ „ 0,50 „

Um mit den noch immer im Zahlungsverkehr vorkommenden mit dem Feingehalt $^{900}/_{1000}$ geprägten Silberteilmünzen, deren Verrufung schon für Anfang Januar 1869 ausgesprochen worden war, aufzuräumen, wurde erneut vom 1. August bis Ende 1883 zum Umtausch dieser Stücke aufgefordert. Schon 1881/1882 hatte die Regierung sowohl durch Erhöhung des gesetzlichen Annahmezwanges der Silberscheidemünzen von 50 Lire auf 3% bei Auszahlung von Beamtengehältern und Ruhegehältern und auf 5% bei der Einlösung der Zinsscheine der Staatsschuld innerhalb Italiens, als auch durch den Umtausch eines Teiles der Noten unter 5 Lire über 12 Millionen Silberscheidemünzen zur Erleichterung des kleinen Zahlungsverkehrs ausgegeben. Nach der damaligen Ansicht der Metallisten hätten sich diese Münzen unbedingt im Verkehr halten müssen; denn das Disagio der Noten gegenüber dem goldenen 20-Lirestück betrug 1881 nach der Verkündigung der baldigen Abschaffung des Zwangskurses nur $1^{1}/_{2}$%, dagegen das innere auf dem Preise der Metallplatten beruhende Disagio der Silberteilmünzen gegenüber dem 20-Lirestück 10%. Die silbernen Scheidemünzen waren also, nach jener Auffassung, das schlechtere Geld und sollten nach dem Greshamschen Gesetz das bessere Geld, in diesem Fall die Noten unter 5 Lire, sogar aus dem Verkehr drängen! In Wirklichkeit kümmerten sich aber diese Münzen um kein Greshamsches Gesetz, das in dem Falle auch gar nicht anwendbar war, sondern verschwanden rasch aus dem Zahlungsverkehr und wurden zu Zahlungen an die Privaten der Münzbundstaaten größtenteils zu Zahlungen an die italienischen Zollkassen verwendet. Die Regierung sah alsbald das Zwecklose des Umtausches ein und beschränkte sich dann lediglich auf die Einlösung der Scheine zu 50 Centesimi, um diejenige der Noten zu 1 und 2 Lire am 12. April 1883 wieder aufzunehmen.

Die Einlösung der Konsortialnoten (consorziale und già consorziale) von Lire 5 bis 1000 in Goldmünzen und Silberscudi erfolgte täglich während 4 näher bestimmten Stunden beim Zentralschatzamt zu Rom und den Provinzialschatzämtern zu Bari, Cagliari, Bologna, Catania, Florenz, Genua, Livorno, Messina, Mailand, Neapel, Palermo, Turin, Venedig und Verona. Bei Beträgen bis zu 100 Lire wurde gewöhnlich der Silberscudo, darüber hinaus Goldmünzen verwendet; später erfolgte die Einlösung auch bei kleineren Beträgen in 10- und 20-Lirestücken. Die Umwechselung der Noten erfolgte bis zu Beträgen von 500 000 Lire sofort, darüber hinaus war die Einlösung vorher zu beantragen und zwar beim Zentralschatzamt zu Rom mindestens 24 Stunden vorher, bei den Provinzialschatzämtern je nach der Entfernung von Rom in einem Zeitraum bis zu höchstens 4 Tagen.

Die bis 12. April 1888 nicht zur Einlösung vorgelegten Noten (definitive und ehemalige Konsortialnoten) zu Lire 0,50; 1, 2, 5, 10, 20, 100, 250 und 1000 wurden vom 13. April 1888 ab von den öffentlichen Kassen nicht mehr in Zahlung genommen und konnten auch von den Privaten zurückgewiesen werden, sollten aber noch bis 13. April 1893 an den dazu ermächtigten Schatzämtern in Metallgeld eingelöst werden.

Mit dem 1. Juli 1894 verloren alle bis dahin nicht in Staatsnoten umgetauschten Konsortialscheine zu 5 und 10 Lire die Eigenschaft, gesetzliches Zahlungsmittel zu sein.

Zu dem befürchteten Sturm auf die Schalter der Schatzämter kam es nicht, die Einlösung vollzog sich langsam; der seit beinahe zwei Jahrzehnten bestehende Zwangskurs der Noten, des einzigen Geldes im inländischen Zahlungsverkehr, hatte die Bevölkerung an den Gebrauch des autogenischen Papiergeldes derart gewöhnt, daß selbst bei Beträgen unter 20 Lire Bank oder Staatsnoten den Münzen vorgezogen wurden, soweit nicht an der Agiotage interessierte Kreise in Betracht kamen.

Über den Gang der Einlösung der Konsortialnoten in Metallgeld und Staatsnoten gibt folgende Aufstellung Auskunft.[1])

---

[1]) Nach M. Grunwald, Geschichte des italienischen Zwangskurses und der Wiederherstellung der Valuta.

	Auf dem Wege der Einlösung waren in den Verkehr gebracht		Konsortialnoten blieben im Umlauf
	(in Millionen Lire)		
	Metallgeld	Staatsnoten	
Ende Juni 1884	305,9	197	437,1
" " 86	476,2	305,1	158,7
" " 88	584,3	334,3	21,4
" " 90	590,8	338,3	10,5
" " 92	592,5	338,8	8,8

Mit der Abschaffung des Zwangskurses wurde an dem Weiterbestehen der bisherigen 6 Notenbanken nicht gerüttelt, und da eine Neugestaltung des Notenbankwesens damit erst für später in Betracht kam, mußten die bisher die Stellung der eigenen Noten der Banken im Geldsystem bestimmenden gesetzlichen Vorschriften folgende der Tatsache der Währungsänderung entsprechende Umgestaltung erfahren (Ges. v. 7. April 1881).

Das Recht der 6 Notenbanken zur Ausgabe eigener Noten sollte mit dem 31. Dezember 1889 erlöschen. Auch der diesen Noten seit Mai 1866 verliehene allgemeine Annahmezwang sollte mit Ende des Jahres 1883 in Wegfall kommen; doch kam es dazu nie, denn der corso legale mußte von Jahr zu Jahr verlängert werden. Jede Bank war grundsätzlich verpflichtet, ihre Scheine nach dem 12. April 1883 bei Sicht gegen Metallgeld umzutauschen, doch durfte der Umtausch auch gegen die vom Staate einzulösenden Konsortialnoten erfolgen, solange dieselben noch im Verkehr waren. Die auf diese Weise eingetauschten eigenen Noten der Banken waren aber zum Unterschied von den durch den Staat eingelösten und dann vernichteten Konsortialnoten infolge ihres allgemeinen Annahmezwanges wieder zu allen Zahlungen der Banken verwendbar.

Wenn der an eine Filiale der 6 Banken gerichtete Anspruch auf Einlösung ihrer Noten den durchschnittlichen Kassenbestand derselben überschritt, so war die betreffende Filiale berechtigt, die Umwechslung bis zur Beschaffung der erforderlichen Summe von der nächsten Filiale zu verzögern; waren die beiden Filialen durch Eisenbahnen miteinander verbunden, so hatte die Einlösung spätestens innerhalb zweier Tage nach dem erhobenen Anspruch zu erfolgen; mußte der Transport aber mittels Wagen oder zur See erfolgen, so durfte die Frist 4 Tage nicht überschreiten.

Mit der Verleihung des Zwangskurses an die eigenen Noten der 6 Banken im Mai 1866 waren deren Metallreserven entsprechend dem Eintritt des Papiergeldes in den Zahlungsverkehr gewachsen z. B. bei der italienischen Nationalbank (in Millionen Lire) von 32,7 am 5. Mai 1866, auf 84,7 am 29. Dezember 1866, auf 94 im Juni, auf 144 im Dezember 1867 und auf 181 im Juli 1868. Die im Zusammenhang mit der Verleihung des Zwangskurses an die Noten der 6 Banken ebenfalls seit 1866 getroffene Bestimmung, daß zu jeder Änderung in der Höhe der Diskontsätze bei jeder der Notenbanken die Erlaubnis der Regierung nötig war, kam mit dem 12. April 1883, dem Tage, an dem die Banken zur Einlösung ihrer Noten schreiten mußten, in Wegfall. Da aber einzelne Institute alsbald (1884) den Diskontsatz bis auf 4 1/2 %, schließlich sogar auf 3 1/4 % ermäßigten, sah die Regierung darin die Gefahr einer zu leichtfertigen Verausgabung der aus der Anleihe oder aus den Metallbeständen der Banken herrührenden Metallgeldvorräte und setzte es auch 1885[1]) durch, daß wieder wie früher zu jeder Diskontänderung das Einverständnis der Regierung erforderlich wurde, wofür als Gegenleistung seitens des Staates der corso legale der eigenen Noten der Institute bis 1886 verlängert wurde.

Das den Art. 10 des Konsortialgesetzes ergänzende Dekret vom 23. September 1874 hatte nach dem Stande des damals eingezeichneten Aktien- bzw. Patrimonialkapitals den Höchstbetrag der auszugebenden eigenen Noten der Banken auf 754,5 Millionen Lire festgesetzt. Dieses gesetzliche Maximum wurde durch Dekr. v. 12. August 1883 zunächst auf 40 % des eingezahlten Kapitals erhöht, wobei aber der über das gesetzliche Maximum hinausgehende Teil völlig durch Metallgeld gedeckt sein mußte; dann erhielten kurz darauf am 30. November 1884

[1]) Ges. v. 28. Juni 1885.

die Banken die Ermächtigung, ihren Papiergeldumlauf über die gesetzliche Höchstgrenze hinaus unter der Bedingung beliebig zu vermehren, daß die darüber hinaus ausgegebenen Scheine ebenfalls ganz durch Metallgeld, das im Königreich Kassenkurs hatte, gedeckt waren.

Der Vorrat Italiens an staatlichen Zahlungsmitteln mit Ausnahme der Bronzemünzen und giralen Certificate betrug am 31. Oktober 1883 unter Berücksichtigung der nach der Volkszählung von 1881 festgestellten Bevölkerungszahl von 28,953,480 Köpfen in Millionen Lire:

Gold	Silber 900/1000	Silber 835/1000	Gesamtmetallgeldumlauf	pro Kopf	Noten f. Rechnung der Banken
700	160	160	1020	35,23	772,3

Noten f. Rechg. d. Staates	Gesamtnoten-Umlauf	pro Kopf	Gold, Silber u. Noten zusammen	pro Kopf	Metallreserven der Not. Banken u. des Staatsschatzes
731,5	1503,8	51,94	2523,8	87,17	694,4

Infolge des sowohl den Staatsnoten als auch den eigenen Noten der 6 Banken weiter belassenen allgemeinen Annahmezwanges lag die Gefahr nahe, daß alle Zahlungen an die öffentlichen Kassen nur in Noten erfolgten, die Goldmünzen vollständig von dem Zahlungsverkehr der Privaten, besonders von den zur Einlösung ihrer eigenen Noten in Metallgeld verpflichteten Banken aufgesogen würden. Der Gefahr suchte die Regierung durch zwei Maßnahmen vorzubeugen: einmal durch Schaffung gesetzlicher Bestimmungen über den Scheck, dann durch die Errichtung von zahlreichen Abrechnungsstellen (stanze di compensazione) nach dem Vorbild der Clearinghouse-Einrichtung.

Durch das Dekr. vom 23. April 1881 wurden zunächst die vorläufig in Kraft tretenden Rechtssätze über den Scheck aufgestellt und das 1882 veröffentlichte mit dem 1. Januar 1883 in Kraft getretene neue Handelsgesetzbuch brachte dann die endgültige Fassung dieser Bestimmungen.

Gesetzliche Voraussetzung für die Ausstellung eines Schecks (assegno bancario) ist das Vorhandensein einer Geldsumme bei einem Bankier oder Kaufmann, im Sinne des Handelsrechts, über die der Aussteller zu freier Verfügung berechtigt ist. Jeder Scheck muß die auszuzahlende Summe, das Datum und die Unterschrift des Ausstellers enthalten, kann auf den Inhaber oder auf eine in der Urkunde bezeichnete Person lauten und entweder bei Sicht oder höchstens innerhalb 10 Tagen nach dem Tag der Präsentation zahlbar sein, was aber aus dem Text der Urkunde ersichtlich sein muß. Die Übertragung erfolgt durch Indossament oder Blancoindossament. Der Besitzer des Schecks ist verpflichtet, denselben dem Bezogenen zur Zahlung vorzulegen innerhalb 8 Tagen nach dem Ausstellungstag, wenn der Scheck am Ausstellungsorte selbst zahlbar ist, und innerhalb 15 Tagen, wenn derselbe auf einen andern als den Ausstellungsort gezogen wurde. Unterläßt der Inhaber des Schecks innerhalb obiger Fristen die rechtzeitige Präsentation, so verliert er seine Ansprüche gegenüber den Indossanten; gegenüber dem Aussteller geht der Rechtsanspruch verloren, wenn nach dem Ablauf der gesetzlich vorgesehenen Präsentationsfrist beim Bezogenen die freie Verfügbarkeit über die angewiesene Summe in Fortfall gekommen ist. Wer einen Scheck ohne Datum oder mit falschem Datum ausstellt, oder ohne daß bei dem Bezogenen die erforderliche Summe zu seiner Verfügung stand, wird abgesehen von dem im Strafgesetzbuch hierfür vorgesehenen Strafen mit einer Geldstrafe belegt. Im übrigen finden die Bestimmungen des Wechselrechts über Indossament, Bürgschaft, Unterschriften, Zahlung, Protest, Regreß und Verfall auch auf den Scheck Anwendung.

Außer in den beiden süditalienischen Zahlgemeinschaften war der Scheckverkehr schon vor Einführung des neuen Scheckrechts besonders in Mailand, dem Herzen des norditalienischen Industriegebietes, infolge der mit dem Zwangskurs verbundenen Unzuträglichkeiten im Zahlungsverkehr zu hoher Blüte gelangt.

Der von der Regierung erwünschten raschen Verbreitung des neuen, die Verwendung von Goldmünzen und Silberscudi im inländischen Zahlungsverkehr ersparenden Zahlungsmittels waren aber die rein fiskalischen Bestimmungen hinderlich, daß für jeden Scheck ohne Rücksicht auf die Höhe des Betrages eine Abgabe von 10 Centesimi nach Art der Wechselstempelmarken zu entrichten war, und daß ferner alle innerhalb Italiens ausgestellten oder vom Ausland kommenden Schecks, die den Bestimmungen des italienischen Rechts nicht entsprachen, der noch empfindlicheren Wechselstempelsteuer unterstellt wurden.

Das gleiche Bestreben wie bei der Einbürgerung des Scheckverkehrs lag auch der Errichtung der „stanze di compensazione" gemäß Art. 22 des Ges. v. 7. April 1881 und des Dekr. v. 19. März 1881 zugrunde. Die in Rom, Neapel, Mailand, Turin, Venedig, Florenz, Genua, Palermo, Bolagna, Messina, Catania, Bari und Cagliari errichteten Abrechnungsstellen hatten zur Aufgabe die „Riscontrata" d.h. die vergleichende Abrechnung der bei Sicht dem Inhaber in Metallgeld einzulösenden Banknoten und ebenso die Kompensation aller andern im Handels-, Bank- und Börsenverkehr vorkommenden, bei Sicht auf Verlangen in Metallgeld oder darin einlösbaren Noten auszuzahlenden Papiere wie z. B. Schecks und Wechsel.

Die Handelskammer jeder der aufgeführten Städte lud je einen Vertreter des Staatsschatzamtes, der in der betreffenden Stadt vorhandenen Notenbanken, der Diskonto- und Volksbanken, der Sparkassen und die bedeutenderen Geschäftsleute und Bankiers ein, um die Grundsätze für den unter Aufsicht der Handelskammer stattfindenden Geschäftsbetrieb der Abrechnungsstellen festzulegen. Doch sollte bei der Ausgestaltung der Organisation der einzelnen Abrechnungsstellen den örtlichen Verhältnissen möglichst Rechnung getragen werden.

In der Tat bildeten sich auch zwei nach ihrer Organisation verschiedene Gruppen von Abrechnungsstellen aus: die eine, vertreten durch Rom und Genua, ließ zur unmittelbaren Teilnahme nur die größeren Kreditinstitute zu, während die andere, vertreten durch Mailand, Florenz, Bologna und Catania grundsätzlich für jedermann geöffnet war. Die schon vorhandene sehr alte und sehr bedeutende Abrechnungsstelle zu Livorno blieb weiter bestehen und diente für die Neueinzurichtenden in vielen Beziehungen als Vorbild. In Livorno waren zur unmittelbaren Teilnahme am Geschäftsverkehr der Abrechnungsstelle nur die größeren Kaufleute und Bankiers zugelassen; alle anderen Interessenten wandten sich um Vermittlung an die letzteren, sodaß daselbst fast der gesamte kaufmännische Zahlungsverkehr durch vergleichende Abrechnung erledigt wurde. Z. B. wurden daselbst im ersten Halbjahr 1883 von 462 Millionen L. geltend gemachter Forderungen 394 Millionen gleich 84 % ohne Verwendung von Metallgeld ausgeglichen.

Wegen der nur allmählich zunehmenden Verwendung des Schecks im Zahlungsverkehr hielt sich die Tätigkeit der meisten neuen Abrechnungsstellen zunächst in bescheidenen Grenzen. Eine Ausnahme hiervon machte neben Livorno die Mailänder Abrechnungsstelle, wie aus folgender Aufstellung hervorgeht.

		erledigte Forderungen	dabei Metallgeldaufwand	in %
letztes Vierteljahr	1882	80,566,507.06	12,837,644.88	15,9
erstes „	1883	143,184,850.40	21,074,006.21	14,7
zweites „	„	196,702,040.08	34,706,762.14	17,2
Juli und August		196,519,865.88	29,768,885.57	15,1
	Lire	616,973,263.42	98,387,298.80	15,9

Aber schon im ersten Halbjahr 1885 hatten die an den Abrechnungsstellen zu Livorno, Genua, Mailand, Rom, Bologna, Catania und Florenz erledigten Forderungen 2,947,756,026.31 L. erreicht, woran Mailand allein mit 2,237,079,181.88 L., Livorno mit 507,679,850 L. und Florenz mit 147,952,385.75 L. beteiligt waren, sodaß von einer Bedeutungslosigkeit der stanze di compensazione für den Zahlungsverkehr, ein Urteil, das im Hinblick auf die zum Vergleich immer herangezogenen entsprechenden englischen Einrichtungen zustande gekommen war, keine Rede mehr sein konnte; um so weniger als gerade die bedeutendste Abrechnungsstelle Mailand im Mittelpunkt des von der unmittelbaren Nähe der Münzgenossen Frankreich und der Schweiz stets am stärksten bedrohten Teiles des inländischen Zahlungsverkehrs lag.

Dieser Teil der Währungsreform, das Bestreben der Regierung, die Verwendung der goldenen Kurantmünzen im inländischen Zahlungsverkehr möglichst zu vermeiden, fand wenig Beachtung, und doch verließ Italien damit auf Grund der langjährigen durch den Zwangskurs empirisch aufgedrängten Erfahrung, daß für den inländischen Zahlungsverkehr notale Geldsorten vollkommen genügen, unbemerkt die rein metallistische Auffassung der anderen Münzgenossen, um, wie die Weiterentwickelung der italienischen Geldverfassung zeigt, auch nicht mehr dazu zurückzukehren.

Die seit April 1883 in Angriff genommene Währungsreform hatte natürlich erhebliche Verschiebungen im System der staatlichen Zahlungsmittel im Gefolge. Seit 1874 waren Währungsgeld die vom Konsortium der Notenbanken für Rechnung des Staates ausgegebenen Konsortialnoten. Zweck und Ziel der Währungsänderung des Jahres 1883, der sogenannten Abschaffung des Zwangskurses war die Wiederherstellung eines Metallgeldumlaufs mit valutarischer Behandlung der Goldmünzen. Zur Verwirklichung dieses Zieles wurden die bisher als Währungsgeld uneinlösbaren Konsortialnoten mit dem 12. April 1883 in dem früher erörterten Verhältnis teils in Metallgeld, teils in Staatsnoten, desgleichen die eigenen Noten der sechs Banken in Metallgeld einlösbar und wurden dadurch provisorisches Geld.

Damit verfügte Italien über folgende zwei nach dem Stoffe der Platten verschiedenen Kurantgeldarten: zunächst über goldenes und silbernes Kurantgeld in der Form der durch die Einlösung der Konsortialnoten in den Verkehr gebrachten Goldmünzen und des Silberscudos, dann über die aus Papier hergestellten Kurantgeldarten, verkörpert durch die noch nicht eingelösten Konsortialnoten, die neu ausgegebenen Staatsnoten und die eigenen Scheine der sechs Banken, deren allgemeiner Annahmezwang bekanntlich nicht in Fortfall gekommen war. Die Goldmünzen und der Silberscudo waren, wie wir schon früher auseinandersetzten, definitiv, da die Regierung jede gesetzliche Verpflichtung zur Verwechslung der beiden metallenen Kurantgeldarten gegeneinander oder gegen andere Münzen ablehnte. In gleicher Weise stellte auch die neugeschaffene Staatsnote trotz der von gesetzeswegen verkündeten jederzeitigen Einlösbarkeit und trotz der das Einlösungsversprechen enthaltenden Aufschrift in Wirklichkeit ebenfalls eine endgültige d. h. definitive Kurantgeldart mit papierenen Platten dar. Wie sehr Währungsfragen in letzter Linie finanzielle Machtfragen sind, also von dem jeweiligen „Können" eines Staates abhängen, tritt auch hier deutlich hervor, da trotz aller die Einlösbarkeit verkündenden gesetzlichen Bestimmungen und Aufschriften die Staatsnoten tatsächlich uneinlösbar blieben.

Neben diesen definitiven Kurantgeldarten gab es dann noch das provisorische Kurantgeld, vertreten durch die in Metallgeld einlösbaren Konsortialnoten und die eigenen Scheine der Notenbanken.

Welche jener eben aufgezählten Kurantgeldarten war nun Währungsgeld im engeren Sinne d. h. wurde als aufdrängbar seitens der staatlichen Kassen behandelt? Als das zu erstrebende Ziel schwebte valutarische Behandlung der Goldmünzen vor, und die Erreichung desselben hing vom glücklichen Erfolg der ganzen Währungsreform, also davon ab, ob die auf dem Wege der Einlösung der Konsortialnoten in den Verkehr gebrachten Goldmünzen dem inländischen Zahlungsverkehr erhalten blieben oder nicht. Da die goldenen Kurantmünzen erst durch die Einlösung nach und nach in den Zahlungsverkehr gebracht werden mußten, so leisteten während der seit 12. April 1883 bis zur vollständigen Durchführung der Währungsänderung beginnenden Übergangsperiode die staatlichen Kassen grundsätzlich alle Zahlungen in Konsortialnoten, so lange solche sich in den Kassenbeständen vorfanden, dann auch unter Zuhilfenahme der Noten der sechs Banken und der Staatsnoten. Daß mit dem allmählichen Verschwinden der Konsortialnoten das in den Verkehr gebrachte Metall- vornehmlich Goldgeld auch wieder in die staatlichen Kassen zurückströmen würde, wurde vielfach als etwas so

Selbstverständliches angesehen, daß man darüber vergaß, daß dies der Prüfstein für den Erfolg der Währungsreform war!

§ 7. DER AUSGANG DER WÄHRUNGSREFORM.

Die glückliche Unterbringung der großen Goldanleihe und die seit 12. April 1883 in Angriff genommene Einlösung der Konsortialnoten in Metallgeld erfüllte Parlament und öffentliche Meinung mit Stolz und Zufriedenheit; denn nichts lag näher, als daß die durchaus metallistisch fühlende Masse der Bevölkerung die Währungsreform mit dem körperlichen Vorhandensein von über 600 Millionen Lire Metallgeld für glücklich gelöst hielt. Die Regierung selbst war sich der Schwierigkeit für eine erfolgreiche Durchführung dieser Reform im Sinne einer Wiederherstellung der bis Mai 1866 vorhandenen Goldwährung bewußt und suchte, wie wir früher sahen, die Verwendung der Goldmünzen im inländischen Zahlungsverkehr durch Scheck und Abrechnungsstellen möglichst überflüssig zu machen.

Ein Kenner der Verhältnisse, C. F. Ferraris, hatte schon vor Erlaß der mit der Währungsänderung sich befassenden Gesetze die Regierung davor gewarnt, die mittels der Anleihe zu beschaffenden Goldvorräte ohne weiteres auf dem Wege der Einlösung der Konsortialnoten in den Zahlungsverkehr zu bringen und hatte diesbezüglich folgende Vorschläge gemacht. Der aus der Anleihe herrührende Goldvorrat sollte nicht völlig in italienische Goldmünzen umgeprägt, vielmehr ein Teil in Form von Barrengold und ausländischen Goldmünzen belassen werden, und die Einlösung der Scheine hoher Stückelung sollte teilweise gegen Barrengold, teilweise gegen fremde Goldmünzen erfolgen, so daß auf diese Weise der Staat zur Abschreckung die Kosten der Umprägung auf den Einlöser von Konsortialnoten abgewälzt hätte. Erst wenn dann keine große Nachfrage mehr nach gemünztem italienischem Gold oder fremden Goldmünzen vorhanden sei, sollten italienische Goldstücke zur Einlösung verwendet werden. Den Anstoß zu diesen Vorschlägen gab Ferraris die von der Bank von Frankreich 1877 und von der Bank von

England 1821 beim Akte der Wiederaufnahme der Einlösung ihrer Noten gehandhabte Praxis. Die erstere verfügte am 31. Dezember 1877 bei einem Metallbestand von 2047,5 Millionen Franken über 267,5 Millionen in Form von Barrengold und fremden Goldmünzen, die letztere löste 1821 ihre Noten anfangs nur gegen Barrengold ein und verhütete damit den gefürchteten raschen Abfluß des gelben Metalles.

Interessanter war ein zweiter hieran anschließender Vorschlag Ferraris'. Darnach sollte die Regierung durch Vermittelung einer großen Bank bei der Einlösung den Darbietern von Scheinen größerer Stückelung kein Gold, sondern ausländische Wechsel im Betrage der betreffenden Summe anbieten. Damit hätte die Regierung erreicht, daß zu Zahlungen nach dem Auslande nicht Gold, sondern Wechsel verwendet worden wären, da die meisten Erwerber dieser Devisen auf eine Diskontierung und nachherige Einlösung der dabei erhaltenen Noten in Metallgeld wegen des damit verbundenen Verlustes verzichtet hätten. Zum Erwerb der Devisen sollte die damit beauftragte Großbank für Rechnung der Regierung einen jeweiligen Betrag bereitstellen, da die zur Einlösung der Konsortialnoten bestimmte Summe nicht unmittelbar dazu verwendet werden sollte.

Was Ferraris mit diesem Vorschlag erreichen wollte, war, wie eben erwähnt wurde, die Verwendung der Goldmünzen zu Zahlungen nach dem Auslande durch Darbietung im Auslande zahlbarer Wechsel zu vermeiden. Wäre dies praktisch zur Durchführung gekommen d. h. wäre die italienische Regierung durch ihre Agenten als mächtiger Käufer von Devisen an den wichtigsten ausländischen Börsen aufgetreten, so hätte sich dabei zugleich eine zunächst nicht beabsichtigte Wirkung eingestellt: Die nach und nach erfolgende Aufwendung einiger hundert Millionen Lire zum Erwerb von Devisen hätte die italienisch-internationale Zahlungsbilanz und damit den italienisch-internationalen Wechselkurs zugunsten Italiens beeinflußt.

Damit berühren wir aber den wundesten Punkt der ganzen Währungsreform, die völlige Unterlassung einer Beobachtung der italienisch-ausländischen Wechselkurse seit Inangriffnahme der Einlösung der Konsortialnoten. Gerade die Tatsache, daß die staatlichen Kassen bis zur erhofften erfolgreichen Durchführung der Wiederherstellung der Valuta alle Zahlungen mittels der noch nicht eingelösten Konsortialnoten, dann der Staatsnoten und der Scheine der Notenbanken leisteten, ließ das Anschwellen des gefürchteten (synchartalen) Agios der Goldmünzen erwarten, und die Höhe dieses Agios wurde eben im wesentlichen durch die Höhe der italienisch-ausländischen, besonders des italienisch-französischen intervalutarischen Kurses bedingt, mit anderen Worten, sobald diese Kurse die Goldpunkte zuungunsten Italiens überschritten, war das Agio der Goldmünzen vorhanden.

Das (synchartale) Agio der Goldmünzen hatte in Prozenten im Jahresdurchschnitt betragen:

1875	6,96	1878	8,75
1876	7,52	1879	10,17
1877	8,96	1880	8,34

Nach der Ankündigung der baldigen Abschaffung des Zwangskurses schwankte dasselbe in den Jahren 1881 und 1882 zwischen 1 und 3 %, um mit beginnender Einlösung der Konsortialnoten in Metallgeld den Nullpunkt zu erreichen. Von größter Bedeutung für die Höhe des Agios des 20-Lirestückes war, wie schon oft erwähnt wurde, neben der italienisch-internationalen Zahlungsbilanz und dem Einflusse der äußeren und inneren Politik und mannigfacher anderer Umstände auf die Stimmung an den Börsen vor allem der italienisch-französische Wechselkurs, für den die die italienisch-französische Zahlungsbilanz ausschlaggebend beeinflussende Handelsbilanz der beiden Nachbarstaaten in Betracht kam, und die folgendes Bild abgab:

	Einfuhr aus Frankreich	Ausfuhr nach Frankreich	Überschuß zugunsten Italiens	
1880	337,7	503,4	165,7	in Millionen Lire
1881	366,8	551,7	184,9	
1882	418,0	461,8	57,8	
1883	366,6	505,8	139,2	

Die eine Voraussetzung für eine für Italien günstige Gestaltung des italienisch-französischen Wechselkurses war also vorhanden, und diese wurde noch wesentlich durch die vorteilhafte Einwirkung der im April 1883 in Angriff genommenen Einlösung der Konsortialnoten auf die Stimmung an den französischen Börsen unterstützt. Demzufolge gestaltete sich auch 1883 der Wechselkurs Devise Paris und zwar im Monatsdurchschnitt mit 98,95 im August, mit 98,98 im September und mit 98,96 im Oktober für Italien günstig. Aber schon 1884 und 1885 machte sich ein Anschwellen des Preises der französischen Devisen in Italien trotz der für letzteres günstigen Handelsbilanz bemerkbar, z. B. am 29. August 1884 auf 99,40, am 18. Oktober auf 99,50 und 1885 an den entsprechenden Zeitabschnitten auf 100,45 und 100,47½ Lire. Damit waren Goldsendungen nach dem Ausland wieder vorteilhaft geworden. Dementsprechend ging das 1883 vorhandene Mehr der Goldeinfuhr im Betrage von 33 Millionen 1884 auf 9 Millionen zurück, und in den ersten 3 Monaten 1885 ergab sich ein Fehlbetrag von 2,4 Millionen.[1]) Gerade 1884 hatten Fremdenverkehr und Handel durch das Auftreten der Cholera erheblichen Schaden erlitten, dann hatte die Öl- und Weinernte kaum den Ertrag einer halben Mittelernte ergeben, und ebenso war die Ausfuhr der Rohseide um 6 Millionen Kilogramm zurückgegangen.

Eine wesentliche Verminderung der Metallbestände Italiens trat auch 1885 ein, denn einmal ließ die im Zusammenhang mit der damals begonnenen Liquidation der Tabakregiegesellschaft einsetzende Auszahlung der ausländischen Besitzer von Aktien dieser Gesellschaft und dann auch die mit Rücksicht auf die baldigst befürchtete Erhöhung der Zoll- und Steuersätze auf Kolonialwaren und Spiritus gemachten größeren Ankäufe über 68 Millionen Goldgeld ins Ausland wandern. Dies machte sich in der Verminderung der Metallbestände des Staatsschatzes und der Notenbanken bemerkbar, die in der Zeit vom 31. Oktober 1884 bis zum 30. Juni 1885 einen Abfluß von über 147 Millionen Lire gemünzter Zahlungsmittel zu verzeichnen hatten.

[1]) M. Grunwald, Geschichte des italienschen Zwangskurses.

Den Todesstoß gab dem Versuche der Wiederherstellung der Valuta jedoch ein Ereignis der äußeren Politik Italiens, dessen Teilnahme am Dreibunde. Als Antwort darauf erneuerte Frankreich den am 1. Mai 1888 abgelaufenen Handelsvertrag mit Italien nicht, und ein heftiger Zollkrieg setzte ein. Schon im ersten Jahr desselben verminderte sich die gesamte Weinausfuhr Italiens nahezu um die Hälfte gegenüber dem Vorjahr, woran hauptsächlich die Sperrung der französischen Grenze für den zum Verschnitt mit dem Wasser der Garonne bisher eingeführten italienischen Wein schuld war. Im Verlauf der ersten 9 Zollkriegsjahre ging die italienische Weinausfuhr nach Frankreich im Mittel um 302 Millionen gleich 61,7 % gegenüber dem Durchschnitt der 10 vorhergehenden Jahre zurück, und der Anteil des französischen Marktes an der gesamten italienischen Ausfuhr sank von 45,6 auf 19,4 Prozent.

Dies hatte zur Folge, daß die in Italien gehandelte Devise Paris mit 100,60 im Juli 1889, mit 101,05 Ende Oktober 1890 und mit 102,30 Ende Oktober 1891 die Goldpunkte dauernd überschritt. Ebenso machte sich eine Steigerung des an den italienischen Börsen zu zahlenden Preises für englische und deutsche Devisen bemerkbar, z. B.

		Ende Oktober 1890	Ende Oktober 1891
Devise	London	25,55	25,80
	Berlin	124,95	126,75

Damit wurde es besonders bei Zahlungen nach Frankreich vorteilhaft, italienische Goldmünzen dem Zahlungsverkehr zu entnehmen und dorthin zu senden, zumal dieselben wegen der mit der Zugehörigkeit Italiens zum lateinischen Münzbunde erworbenen Bundes-Kurantgeldeigenschaft in Frankreich ohne weiteres zu allen Zahlungen verwendet werden konnten, d. h. damit war das im Zahlungsverkehr so sehr gefürchtete (synchartale) Agio des 20-Lirestückes wieder aufgetaucht. Solange allerdings noch in Metall- hauptsächlich Goldgeld einlösbare Konsortialnoten umliefen — Ende Juni 1890 waren es noch für nahezu 11 Millionen Lire —, war ein bedenkliches Steigen des Agios der Goldmünzen nicht möglich, da letztere ja vom Staate bei der Einlösung der Konsortialnoten zum Nennwerte geliefert wurden. In dem Maße aber, in dem die Einlösung der Konsortialnoten in Goldgeld zu Ende ging, machte sich auch ein Anschwellen dieses Agios bemerkbar, das 1892, also zu einer Zeit, da die Noteneinlösung in der Hauptsache als beendigt angesehen werden muß, bereits eine Höhe von 5 Prozent erreichte.

Hier wäre ein Eingreifen des Staates im Sinne einer Zurückführung dieser Devisenkurse auf eine dem Münzpari entsprechende Höhe am Platze gewesen. Daß das durch Verwendung eines Teilbetrages der zur Einlösung der Konsortialnoten aufgebrachten 600 Millionen Lire zum Ankauf z. B. französischer Devisen und der damit sich einstellenden günstigen Beeinflussung der italienisch-französischen Zahlungsbilanz durchaus möglich gewesen wäre, dafür bieten sowohl die von Italien seit ungefähr einem Jahrzehnt erfolgreich durchgeführte „Devisenpolitik", als auch die von Österreich in ähnlicher Weise vorgenommene Regulierung der österreichisch-ausländischen Wechselkurse ein überzeugendes Beispiel. Doch lag eine solche Regulierung der Devisenkurse damals außerhalb des Kreises der Erfahrung und unterblieb daher.

Gerade ein solcher Eingriff der Regierung zugunsten der beabsichtigten erfolgreichen Durchführung der Wiederherstellung der Valuta hätte finanzielle Opfer gefordert, und daran war schon 1885/6 nicht mehr zu denken; denn während 1876 ein Überschuß der Staatseinnahmen über die Ausgaben von 20,5 Millionen Lire und 1881 ein solcher von 51,4 Millionen vorhanden war, brachte das Finanzjahr 1885/6 ein Defizit von 23,5 Millionen, hauptsächlich verursacht durch die mit dem 1. Januar 1884 erfolgte Aufhebung der verhaßten Mahlsteuer. Dazu kam, daß die gerade nach 1881 einsetzende Vermehrung der Armee, die Vervollkommnung der Land- und Seebefestigungen und der Bau großer Schlachtschiffe, endlich auch die Fertigstellung der Haupteisenbahnlinien samt Inangriffnahme der notwendigen Verbindungslinien die Staatsfinanzen stark in Mitleidenschaft zogen. So erfuhren die seitens des Staates für die öffentliche Schuld dem Ausland hauptsächlich in Metallgeld zu zahlenden Zinsen eine Steigerung von 118,1 im Etatsjahr 1884/5 auf 159,4 Millionen Lire im Etatsjahr 1889/90. Zwar trug man sich damals mit der Hoffnung, daß mit dem Aufhören jener für die Ausgestaltung der Wehrkraft des Landes gemachten außerordentlichen Ausgaben sich das Gleichgewicht zwischen Einnahmen und Ausgaben wieder einstellen würde. Diese Hoffnung wurde jedoch gegen Ende der achtziger Jahre zunächst durch den Baukrach und dann durch den daran anschließenden und aufs engste damit zusammenhängenden Bankkrach vernichtet.

An eine Durchführung der in Art. 23 des Ges. v. 7. April 1881 getroffenen Bestimmung, daß mit dem 31. Dezember 1889 die Berechtigung der Notenbanken zur Ausgabe eigener Noten aufhören sollte, war 1889 nicht zu denken. Schon im August 1883 und dann im November 1884 (s. S. 110) war den Notenbanken eine Vermehrung ihrer Scheine über die gesetzliche Schranke hinaus gestattet worden. Als aber 1887 dieser Notenumlauf mit 1096 Millionen Lire, von denen 139,1 Millionen durch Metallgeld völlig gedeckt waren, das im Konsortialgesetz und dann im Dekret v. 23. September 1874 festgesetzte Maximum um 202,4 Millionen Lire überschritt, befaßte sich zwar die Kammer auf Grund der von Franchetti in seinem Bericht geforderten endlichen Abstellung dieser Gesetzwidrigkeiten mit der Frage, kam aber über eine Tagesordnung, die eine Erfüllung dieser Forderung als erwünscht bezeichnete, nicht hinaus.

Der allgemeine Annahmezwang der Noten der Notenbanken war durch Art. 16 des Ges. vom 7. April 1881 bis zum Ende des Jahres 1883 verlängert worden; dabei wurde gleichzeitig in Aussicht gestellt, daß diesen Scheinen auch nach Verlust ihres „corso legale" die Annahme an den staatlichen Kassen weiter belassen werden könnte. Doch kam es entsprechend der stetigen Vermehrung in der Ausgabe dieser Noten dazu überhaupt nicht; deren allgemeiner Annahmezwang wurde vielmehr von Jahr zu Jahr verlängert, mußte verlängert werden, da infolge des

Auftretens des (synchartalen) Agios des gemünzten Geldes schon 1890 ein merkbarer Mangel an Metallgeld sich fühlbar machte.

In der Hauptsache waren es zwei Gründe, die die Banken zur eigenmächtigen Vermehrung ihres Notenumlaufes veranlaßten. Der eine war das bei der „Riscontrata" (s. S. 47) seitens der kleineren Notenbanken zutage tretende Bestreben, durch umfangreiche Diskontierung von Wechseln bei den anderen Notenbanken sich in den Besitz der für die Skontrierung der von den einzelnen Banken zur gegenseitigen Einlösung in Metallgeld vorgelegten Notenbeträge erforderlichen Noten der anderen Institute zu setzen. Der andere Grund lag darin, daß es den Notenbanken gestattet war, Hypothekendarlehen zu gewähren. Besonders in Rom hatten die Notenbanken die dortige Bauspekulation in unerhört leichtfertiger Weise unterstützt, geradezu großgezogen und suchten daher, als im Herbst 1887 die große römische Baukrisis einsetzte, dem Zusammenbruch durch Gewährung weiterer Darlehen zu steuern. Mit Rücksicht darauf gestattete die Regierung eine weitere Überschreitung des eigenen Notenumlaufes der Banken um 166 Millionen und da die Regierung dann die Banken selbst zur Unterstützung der unter der Wirtschaftskrisis leidenden sardinischen und sizilianischen Landwirtschaft in Anspruch nahm, wurde die Notenausgabe um weitere 23 Millionen Lire erhöht, wofür der Staat den Notenbanken als Deckung 23 Millionen in Form bourbonischer Silberpiaster überwies. 1890 erreichte dieser Notenumlauf bereits den Betrag von 1141,9 Millionen, bei einer Metallreserve von 432 Millionen Lire.

Trotz der der Römischen Bank eingeräumten Vergünstigung, daß derselben bei der Riscontrata seitens der italienischen Nationalbank 4 1/2 Millionen eigener Noten nicht vorgelegt wurden, hatte dieselbe 1890 ihr Notenmaximum von 45 auf über 66 Millionen Lire erhöht, in einer Art und Weise, die die Leitung der Bank mit dem Strafgesetzbuch in Berührung brachte. Zwar hatte die Regierung davon Kenntnis erlangt — wenn aber Notenbanken sich als mächtige „Wahlhelfer" gewisser Minister und ihrer politischen Freunde erwiesen haben, werden solche Vorgänge im parlamentarisch regierten Staat mit Hilfe der Kammermehrheit totgeschwiegen!

Ein weiteres Entgegenkommen der Regierung gegenüber den 6 Banken bestand darin, daß 1891[1]) die Riscontrata dahin abgeändert wurde, daß jedes an der Notenskontrierung beteiligte Institut nur soviel der ihm von den anderen Banken vorgelegten eigenen Noten gegen Noten der betreffenden anderen Banken umtauschen mußte, als dasselbe gerade Noten der betreffenden Bank im Besitz hatte. Damit war gleichzeitig eine der Hauptursachen der ungesetzlichen Notenvermehrung beseitigt.

Aber trotz aller Vertuschungspolitik und aller Bilanzkunststücke verfiel die Römische Bank 1892 der Liquidation; also zu einer Zeit, da dieselbe für über 60 Millionen Lire eigener Noten in Verkehr hatte, wobei an eine Flüssigmachung der zur Noteneinlösuug erforderlichen Summen im günstigsten Fall vielleicht erst in 10 oder 15 Jahren zu denken war. Wer also 1892 glücklicher Besitzer von Noten der Römischen Bank war, hatte nach der damals herrschenden Auffassung der Banknote als Zahlungsversprechen einer privaten Aktiengesellschaft (trotz der Verleihung des allgemeinen Annahmezwanges!) ein Zahlungsversprechen in Händen, an dessen Erfüllung im günstigsten Fall in einem Jahrzehnt, vielleicht überhaupt nicht zu denken war. Da war es auf einmal selbstverständlich, daß diese Noten trotz privater Verausgabung auch zum staatlichen Gelde gehörten d. h. trotz der Unmöglichkeit, die Erfüllung des angeblich auf Sicht lautenden Zahlungsversprechens gesetzlich zu erzwingen, blieben diese Noten bis zur endgültigen Regelung des Falles bei Gelegenheit der Reform des ganzen Notenbankwesens durch den Staat wie früher zum Nennwert im Verkehr.

Aber auch bei den anderen Notenbanken war 1892 an eine Einlösung der Noten, sobald es sich um größere Beträge handelte, nicht mehr zu denken, trotzdem Staat und Notenbanken auf Grund der Gesetze von 1874 und 1883 zur Umwechslung ihrer Noten in Metallgeld verpflichtet waren. Wie

---

[1]) Dekret v. 30. August 1891.

verhielt sich dazu im Streitfalle die Rechtsprechung der Gerichte?

Die Entscheidung fiel auch alsbald beim Zivil- und Strafgerichtshof in Turin. Der Industrielle Durio hatte von der Niederlassung der Bank von Neapel in Turin 1891 wiederholt die Einlösung eines größeren Betrages eigener Noten der Bank in Metallgeld gefordert. Die Bank hatte aber die Einlösung verweigert, und Durio strengte daher nach notarieller Feststellung dieser Tatsache am Zivil- und Strafgerichtshof zu Turin die Klage gegen die Bank von Neapel an auf Ersatz des Schadens, der ihm durch die Verweigerung der Einlösung der Noten in Metallgeld entstanden sei. Es war ein Streitfall von grundsätzlicher Bedeutung, und die gesamte Juristenwelt Italiens erwartete und verlangte auf Grund der immer noch geltenden Gesetze von 1874 und 1883 betreffend Umwechslung der Noten in Metallgeld die Verurteilung der Bank von Neapel. Das am 9. Juni 1892 erlassene Urteil, besonders dessen Begründung lautet folgendermaßen:

„Der Banco di Napoli ist von dem klägerischen Anspruch freizusprechen; auf alle Fälle wird Cav. Durio zu den Kosten und Spesen verurteilt unter vorheriger Zurückweisung der sich ergebenden Beweisanträge."

„Der Gerichtshof,

Nach Anhörung der Diskussion über den Fall nebst Vorlesung der Schlußfolgerung in der öffentlichen Sitzung vom 23. Mai 1892:

Der Industrielle Giuseppe Durio, welcher in den letzten Jahren bei der Niederlassung des Banco di Napoli in Turin zahlreiche Banknoten behufs Umwechslung in Metallgeld vorzuweisen pflegte, beklagt sich, weil Ende des Monats August 1891 die Beamten dieser Bank unter Anwendung ausstudierter enormer Verzögerung und ungerechtfertigter Verschiebungen der Operationen (bei der Einlösung) das ihm gesetzlich zustehende Recht verletzt hätten, die Banknoten bei Vorzeigung in Metallgeld umgetauscht zu sehen, zog den Banco di Napoli selbst in den

Streit hinein, und indem er sich zur Aufgabe machte, mittels Beweisverfahrens den erwähnten Tatbestand bzw. die erzählten Tatsachen festzustellen, verlangt er von ihm die Vergütung des angeblich erlittenen Schadens. Augenscheinlich entzieht sich die Klage, welche Durio sich heute anschickt zu begründen und die Verfügungen, die er beansprucht, der Erfahrung und der Zuständigkeit der richterlichen Behörde."

„Durio verlangt, daß das Gericht nach Anhörung der von den Angestellten der Notenbank geschehenen Taten untersuchen solle, ob darin nicht eine Zuwiderhandlung gegen die Grundsätze liege, welche seit der Veröffentlichung des Gesetzes vom 7. April 1881 betreffend die Abschaffung des Zwangskurses für den Umtausch maßgebend sein sollen".

„Wenn das Gericht dann der Überzeugung sei, daß dies hier vorliege, so möge es der Bank von Neapel diejenige zivilrechtliche Haftbarkeit auferlegen, welche aus der Verletzung des Gesetzes folgt."

„Es ist augenscheinlich, daß der Gerichtshof, indem er sich eine solche Schlußfolgerung zu eigen machte, feststellen müßte, welche besonderen Vorschriften den Umtausch regeln sollen; er müßte die Pflichten und Verbindlichkeiten genau abmessen, welche die Emissionsbanken durch einen vertragsähnlichen Tatbestand allein schon in ihren direkten Beziehungen zu der Regierung seit dem Erlaß des besagten Gesetzes übernommen haben."

„Dadurch aber würde der Gerichtshof sich über die Autorität der Regierung erheben, insofern nämlich, als die letztere aus ihrer politischen Funktion hervorgeht, und diese Funktion soll sich einer jeden Kontrolle oder auslegenden Genehmigung von seiten der übrigen Zweige, unter denen sich die Tätigkeit des Staates verteilt, entziehen. Er würde dann zur Untersuchung und Auslegung der maßgebenden Kriterien beitragen wollen, welche die verschiedenen Gesetze hervorgerufen haben, die unser Geldwesen regeln."

„Dem Bürger gegenüber sind die Notenbanken nichts anderes als die Abgeordneten, die Vertreter des Staates, insofern sie den Kassendienst zum Umtausch der gesetzlich umlaufsfähigen Banknoten auf sich nehmen.“

„Wenn der Bürger auch ein indirektes Interesse an der Art und Weise hat, wie dieser Dienst vor sich geht und sich vollzieht, weil je nach der Art und Weise, wie die politische Funktion des Staates ausgeübt wird, und je nach den politischen und ökonomischen Erfordernissen der Zeitläufe durch natürliche Rückstrahlung auf die die soziale Masse bildenden Individuen ein wohltätiger oder schädlicher Einfluß ausgeübt wird, so folgert daraus doch niemals ein derartiges persönliches und individuelles Recht, welches dazu führen könnte, eine Klage vor die ordentlichen Gerichte zu bringen, um so die Vergütung des Schadens zu verlangen, welchen er durch eine minder korrekte und minder schickliche Auslegung eben dieser politischen Funktion erlitten haben will.“

„Alles was das Geldwesen angeht, mithin auch die Anstellung der verschiedenen Vertreter, die Festsetzung des Wertes der Münzen, die Lehre vom Umtausch, alles dieses gehört zum Bereich der politischen Funktion der Regierung.“

„Wie die Alten sich ausdrückten, übt der Staat in dem Gesamtinteresse der Nation das Jus imperii aus. Daraus geht eben jenes Vorrecht des Herrschers hervor, welches sich, wie oben gesagt, jeder Kontrolle, jeder Einschränkung seitens der anderen Zweige der regierenden Gewalt entzieht. Es genügt, sich der verschiedenen Gesetzesbestimmungen zu erinnern, welche die Regelung des Annahmezwanges vorschreiben, und den darin ausgesprochenen Sinn festzustellen, um uns noch mehr in der Ansicht zu befestigen, daß der Staat sich mit größtem Eifer auch in diesem Teile des Geldrechtes zum absoluten und völlig unabhängigen Richter aufwerfen will.“

„In Artikel 31 des Gesetzes vom 30. April 1874, welcher in Artikel 19 des Gesetzes vom 7. April 1881 erhalten blieb, wurde bestimmt, daß diejenigen Notenbanken, welche der Verpflichtung zum Umtausch nicht nachkommen sollten, mittels königlichen Dekretes des Umlaufes ihrer Noten in denjenigen Provinzen verlustig gehen sollen, in welchen sie die Einlösung nicht vornehmen.“

„Ferner wurde in Artikel 2 des Regolamento vom 21. Januar 1875 bestimmt, daß das Syndikat und die Aufsicht über den Notenumlauf von dem Ministerium, von Kommissarien bei dem Konsortium und den Hauptniederlassungen der sechs Notenbanken und von den Präfekten ausgeübt werden solle."

„Um ferner mit größtmöglichster Genauigkeit die Erfüllung des Gesetzes zu gewährleisten, wurde im Artikel 6 desselben Regolamentos bestimmt, daß das Ministerium alle einschlägigen Verfügungen trifft und insbesondere über die Höhe des Umlaufes und über die Einlösung der Noten des Konsortiums und der Notenbanken wacht. Ferner wurde im Artikel 18 bestimmt, daß jeder, der sich durch verzögerte oder unregelmäßige Einlösung geschädigt glaubt, sich an den Regierungskommissar oder an den Präfekten wenden könne, welchen der Erlaß geeigneter Vorschriften überlassen blieb, um dem gerügten Übelstand abzuhelfen."

„Dieser Ideengang kommt noch viel stärker im Gesetz von 1881 zum Ausdruck und wird darin bekräftigt, durch welches nämlich in Artikel 24 und 26 eine ständige Kommission beim Schatzministerium eingesetzt wird, um über die Maßregeln zur Einlösung der Noten zu Rate gezogen zu werden, wobei vorbehalten blieb, alsdann mittels königlichen Dekretes Bestimmungen über die Einlösung selbst zu treffen, nachdem zuvor noch der Staatsrat und der Rechnungshof gehört wurden."

„Nach allem diesem wird dem System des Klägers, welcher behufs Unterstützung der Zulässigkeit der gerichtlichen Klage sich auf die allgemeinen Gesetzesvorschriften über Verwaltungsstreitigkeiten beruft, aller Boden entzogen."

„Es handelt sich hier nicht um einen Anspruch auf Vergütung der erlittenen Verletzung eines bürgerlichen, politischen, persönlichen und individuellen Rechts, mithin um einen Akt der Verwaltungsbehörde, und daher rührend, um eine vor Gericht anzustellende Klage; es handelt sich vielmehr um Bezicht wegen eines Schadens, der angeblich durch die Art und Weise entstanden ist, wie ein unmittelbarer Delegat und Vertreter der Regierung ein Amt ausgeübt hat, welches die Regierung selbst eingesetzt hat und unter Aufsicht hält, und welches sie sich das

Recht vorbehalten hat, je nach den Erfordernissen der Zeitläufe und des Kredites in verschiedener Weise auszuüben, indem sie dabei eine politische Funktion ausübt, deren Wirkung nach außen, solange sie sich in den gesetzlich gezogenen Schranken hält (es mag nicht überflüssig sein, dies hier zu wiederholen), sich der Begrenzung und sogar der einfachen Überwachung durch die richterliche Behörde zugunsten eines privaten Interesses entzieht."

„Da Durio unterliegt, so muß er die durch Anhebung der vorliegenden Klage entstandenen Auslagen tragen, dagegen wurde es in Anbetracht der Natur der diskutierten Streitfragen nicht für notwendig erachtet, ihn auch mit der Geldstrafe zu belegen, welche das Gesetz für den quärulanten Kläger vorsieht."

Mit diesem Urteil erklärte also der Staat alle Klagen auf Einlösung von Banknoten in Metallgeld für wirkungslos aus dem einfachen Grunde, weil der Staat selbst nicht in der Lage war, seine Staatsnoten in Metallgeld einzulösen, wozu derselbe ja ebenfalls nach bisher geltendem Rechte verpflichtet war. Das Urteil wurde allgemein als Rechtsbruch im schlimmsten Sinne, im Sinne eines willkürlichen Gewaltaktes der Regierung aufgefaßt; eine Auffassung, die verständlich ist zu einer Zeit, da der Begriff des valutarischen Geldes völlig unbekannt war. Im Sinne der „Staatlichen Theorie des Geldes" verstehen wir unter valutarischem Gelde diejenige Geldart, in der der Staat in letzter Linie seine Zahlungen leistet d. h. diejenige Geldart, die die staatlichen Kassen in der Lage sind, als aufdrängbar bei ihren Zahlungen zu behandeln.

In der italienischen Gesetzgebung über das Geldwesen seit Erlaß der die Vorbereitungen zur Abschaffung des Zwangskurses regelnden Bestimmungen bis zur Durchführung der Einlösung der Konsortialnoten fehlte aber, wie auch in den Gesetzgebungen anderer Staaten, eine Festsetzung derjenigen Geldart, die künftig die Funktion des Währungsgeldes ausfüllen sollte. Eine solche Festsetzung hätte auch keinen Zweck gehabt, da die Möglichkeit, die Goldmünzen als Währungsgeld zu behandeln, in Italien ja vom Ausgang der ganzen Währungsreform abhing, also bei Erlaß der betreffenden Gesetze noch völlig ungewiß war. Zweck der Abschaffung des Zwangskurses war nach damaliger durchaus metallistischer Auffassung eben der, vor allem an Stelle des bisher umlaufenden papyroplatischen Kurantgeldes metalloplatisches Kurantgeld zu setzen, wobei mit Rücksicht auf die in Frankreich, Deutschland und England herrschende Goldwährung die goldenen 20-Lirestücke im Zahlungsverkehr vorherrschen sollten.

Von der Voraussetzung ausgehend, daß die Währungsreform einen günstigen Verlauf nehmen würde, waren 1883 mit beginnender Einlösung der Konsortialnoten die sechs Banken zur Einlösung ihrer eigenen Noten gezwungen worden, und ebenso hatte sich der Staat zur jederzeitigen Umwechslung seiner Staatsnoten in Metallgeld verpflichtet. Mit der Tatsache aber, daß 1892 das durch die Währungsreform in den Zahlungsverkehr gebrachte Goldgeld als größtenteils außer Landes geströmt betrachtet werden muß, und daher von einer valutarischen Behandlung der 20-Lirestücke keine Rede sein konnte, sah sich der Staat in die äußerst peinliche Lage versetzt, trotz aller die Einlösung verkündenden Gesetzesparagraphen die Umwechslung seiner Staatsnoten in Metallgeld mangels der dazu erforderlichen Mittel verweigern zu müssen. Wenn aber der Staat gegen sich selbst gerichtete Klagen auf Erfüllung der gesetzlich festgelegten Verpflichtung zur Einlösung seiner Staatsnoten unter dem Druck der Verhältnisse abweisen mußte, so mußte dieser Staat, als Rechtsstaat, denselben Zweck verfolgende Klagen gegenüber den Notenbanken ebenfalls abweisen, was auch der Fall war, wie aus dem mitgeteilten Urteil hervorgeht.

Dieses Urteil warf zweifellos die auf Grund der Gesetze von 1874 und 1883 bestehenden Rechtssätze über Einlösung der Bank und Staatsnoten über den Haufen. War es Rechtsbruch im Sinne eines willkürlichen Gewaltaktes der Regierung? Ein solcher wäre dann vorhanden gewesen, wenn der Staat z. B. Klagen auf Einlösung von Staatsnoten abgewiesen hätte, dagegen solchen Klagen auf Einlösung von Noten der privaten Notenbanken stattgegeben hätte. Das war aber, wie aus dem Urteil hervorgeht, nicht der Fall. Sehen wir vielmehr näher zu, so stellt sich heraus, daß das Urteil ein interessantes Beispiel originärer Rechtsentstehung[1]) in engstem Zusammenhange mit dem Begriffe des valutarischen Geldes bildet. Bestehendes Recht war bisher die Einlösbarkeit der Noten und dies Recht bleibt entsprechend dem Sinne alles Rechtes solange bestehen, bis es durch neues Recht ersetzt wird. 1892 verfügte aber der Staat, gezwungen durch den Umstand, daß er nicht in der Lage war, seine Goldmünzen valutarisch zu behandeln, durch Staatsmachtspruch, durch Urteil, die Uneinlösbarkeit der Noten, und dadurch war neues Recht an Stelle des alten getreten.

Die ganze Urteilsbegründung enthält ein Suchen und Tasten nach dem Begriff des valutarischen Geldes. Das tritt ganz deutlich zutage in der scharfen Ablehnung der aus den Gesetzen von 1874 und 1883 betreffend Einlösbarkeit der Noten hergeleiteten privatrechtlichen Verpflichtungen des Staates bzw. der Notenbanken zur Einlösung ihrer Noten gegenüber jedem Inhaber, d. h. sowohl der Staat als auch die im Urteil als „Vertreter" des Staates gegenüber den Privaten bezeichneten Notenbanken, treten im Streitfalle dem privaten Inhaber von Noten nicht als Fiskus, bzw. als private Aktiengesellschaften gegenüber, sondern Staat und Notenbanken üben hier eine staatliche Funktion aus, und der Staat als Schöpfer und Hüter seines Geldwesens muß für sich das unbeschränkte Recht in Anspruch nehmen, über die Art und Weise der Handhabung dieser Funktion, nämlich über die Entscheidung, welche Geldart der Staat in der Lage ist, valutarisch behandeln zu können, ohne Rücksicht auf etwa entgegenstehende gesetzlichen Bestimmungen entscheiden zu können, da es sich hierbei in der Mehrzahl der Fälle um Daseinsfragen der staatlich organisierten Gesamtheit handelt.

Wir stellen also fest, 1892 wurden Staatsnoten und eigene Noten der sechs Banken durch Urteil für uneinlösbar erklärt, was auch einem längst vorhandenen Zustand entsprach. Die

---

[1]) Vgl. darüber R. Stammler, Wirtschaft und Recht.

1883 mit so großer Zuversicht in Angriff genommene Währungsreform zur Wiederherstellung der Goldwährung endete also mit einer Verfassung der staatlichen Zahlungsmittel, die gerade durch die sogenannte Abschaffung des Zwangskurses hätte überwunden werden sollen: Währungsgeld war 1892 die Masse der Staatsnoten und eigenen Noten der sechs Banken, während das noch spärlich vorhandene Metallgeld unter dem Einflusse des (synchartalen) Agios völlig zu verschwinden drohte.

Als Ursachen, die zu diesem Zusammenbruch des Versuches der Wiederherstellung der Valuta geführt haben, werden gewöhnlich die äußere und innere Politik Italiens, dessen Volkswirtschaftspolitik im besonderen, die Unterlassung der Notenbankreform vor Inangriffnahme der Einlösung der Konsortialnoten und der gleichen mehr angeführt. Gewiß haben diese von uns im Eingange dieses Paragraphen gestreiften Ursachen mehr oder weniger stark dazu beigetragen; wir sehen jedoch den Hauptgrund des unglücklichen Ausganges der Währungsreform in der Außerachtlassung einer Beobachtung des italienisch-internationalen, besonders des italienisch-französischen Wechselkurses und in dem Fehlen eines rechtzeitigen Eingreifens des Staates zwecks Regulierung d. h. Zurückführung dieser Kurse auf eine dem Münzpari entsprechende Höhe, sobald die Devisenkurse dieses Pari zuungunsten Italiens dauernd überschritten.

Dieser tatsächlichen Ohnmacht sowohl des Staates als auch der Notenbanken, ihr Papiergeld in Gold-, überhaupt in Metallgeld einzulösen, trug dann auch das Dekret vom 21. Februar 1894 dadurch Rechnung, daß dasselbe in Artikel 3 [1]) die Verpflichtung zur Einlösung der für Rechnung des Staates ausgegebenen Noten in Metallgeld „vorübergehend" aufhob und in Artikel 5 den Notenbanken anheimstellte, ihre Noten entweder in den nunmehr uneinlösbaren Staatsnoten al pari oder in Metallgeld

[1]) Dekret vom 21. Februar 1894. Art. 3. L'obbligo del cambio dei biglietti a debito dello Stato in valuta metallica è temporaneamente sospeso.

unter Abzug des jeweilig an der nächsten Börse festzustellenden Agios des Metallgeldes einzulösen.[1])

Damit war der tatsächlich schon seit zwei Jahren erfolgte völlige Zusammenbruch des Versuches, dem Lande wieder zu einer Goldwährung zu verhelfen, auch durch königliches Dekret dokumentiert.

[1]) Dasselbe Art. 5. Durante il regime del corso legale, il cambio potrà aver luogo in biglietti di Stato, o in ispecie metalliche. In questo ultimo caso, gli istituti avranno facoltà, di esigere dal portatore dei biglietti il pagamento del prezzo del cambio delle specie metalliche seconda la quotazione del giorno nella borsa più vicina.

IV. Teil.

MODERNE WÄHRUNGSPOLITIK SEIT 1894.

§ 8. DIE NATIONALISIERUNG DER SILBERTEILMÜNZEN.

Der nach dem erneuten Zusammenbruch der Goldwährung in den Jahren 1892—94 offensichtlich tiefste Stand der italienischen Währung war um so schmerzlicher, als derselbe mit einer der heftigsten Krisen in den Staatsfinanzen zusammentraf. Während der Schatzminister Grimaldi das Defizit für 1893 mit nur 48 Millionen Lire angegeben hatte, stellte 1894 der Schatzminister Sonnino diese Angabe dahin richtig, daß er dasselbe für das Etatsjahr 1893—94 auf mindestens 177 Millionen Lire veranschlagte.

Die Zustände im Zahlungsverkehr erinnerten damals wieder lebhaft an diejenigen nach der Einführung des Zwangskurses in den Jahren 1866—74 und schienen sich alsbald noch schlimmer auswachsen zu wollen.

Infolge des besonders 1893 von 5% sich sprunghaft bis zu 16% erhebenden (synchartalen) Agios des gemünzten Goldes und der damit zusammenhängenden Spekulationen der Agioteure drohten die noch im inländischen Zahlungsverkehr vorhandenen Silberteilmünzen und ebenso die 5-Lire-Stücke wieder wie einst fast vollständig nach den angrenzenden Staaten des lateinischen Münzbundes abzufließen.

So wurde z. B. festgestellt, daß 1893 in einigen südöstlichen Departements Frankreichs 70% der umlaufenden Silberteilmünzen italienisches Gepräge trugen. Desgleichen wies 1892 der Inhalt von 136 Kassen der Eidgenossenschaft 49% italienische Silberteilmünzen auf[1]), und unter den 1885 in der Schweiz umlaufenden silbernen 5-Frankenstücken befanden sich über 44% französische und 43% italienische Silberscudi.

Die Frage nach Abhilfe der mit dem Verschwinden der Silberscheidemünzen im kleinen Zahlungsverkehr sich einstellenden Unzuträglichkeiten wurde damit wieder brennend. Dieselbe Frage hatte schon 1877 die Handelskammer zu Mailand beschäftigt und folgenden Beschluß gezeitigt.[2])

Die Handelskammer hielt es für notwendig und zweckmäßig, die damaligen Konsortialscheine zu 0,50, 1 und 2 Lire aus dem Verkehr zu ziehen und durch entsprechend gestückelte Münzen zu ersetzen; da dies aber wegen der Kontingentierung der silbernen Scheidemünzen durch den lateinischen Münzverein nicht anging, hatte die Kammer empfohlen, nach dem Vorbild der schweizerischen und deutschen Nickelmünzen oder nach dem Vorbild der österreichischen aus einer Legierung von Kupfer und Silber hergestellten 10- und 20-Kreuzer-Stücke auch für Italien Nickel- oder Kupfermünzen mit geringem Silberzusatz in der Stückelung zu 20 und 40 Centesime auszuprägen und zwar 100 Millionen zu 20 c. und denselben Betrag zu 40 c. = 60 Millionen Lire.

Die Mailänder Handelskammer unterbreitete diesen Vorschlag der Handelskammer zu Genua zur begutachtenden Unterstützung behufs Weitergabe an das Ministerium. Die letztere konnte sich jedoch nicht anschließen, besonders im Hinblick auf die große Ausgabe der Prägungskosten der betreffenden Münzen, die doch in bedeutendem Umfange geprägt werden mußten, um alle Scheine der erwähnten Stückelung zu ersetzen und die nach einer Währungsänderung entsprechend den Bestimmungen des Münzvereins wieder hätten umgeprägt werden müssen. Daher vertrat die Handelskammer zu Genua folgenden Standpunkt.[3])

---

[1]) Siehe Kurt Blaum, Das Geldwesen der Schweiz seit 1798, S. 142-46.
[2]) Sitzungsprotokoll der Handelskammer zu Mailand vom 22. Mai 1877.
[3]) Sitzungsprotokoll der Handelskammer zu Genua vom 18. Juli 1877.

Der Ersatz der aus dem Verkehr zu ziehenden Noten zu 0,50, 1 und 2 Lire hat, um einen Konflikt mit den Bestimmungen des Münzvereins zu vermeiden durch Silbermünzen vom Feingehalt $^{835}/_{1000}$ zu erfolgen; um aber andererseits das Ausströmen derselben infolge des (synchartalen) Agios unmöglich zu machen, sind dieselben in der Stückelung zu 40 und 60 Centesime und in achteckiger Form herzustellen, und außerdem muß der Betrag, den die Notenbanken in solchen Münzen in ihren Kassen vorrätig halten dürfen, genau festgesetzt sein, um jede Spekulation damit zu vermeiden.

Eingehend beschäftigte sich mit der Frage der Erhaltung der silbernen Scheidemünzen im inländischen Zahlungsverkehr 1879 C. F. Ferraris.[1]) Derselbe verlangte unter dem Eindruck der Ergebnisse der Konferenz von 1878 Italiens Austritt aus dem lateinischen Münzverein, hat aber diesen Standpunkt besonders mit Rücksicht auf die handelspolitisch unerläßliche Wiederherstellung der Goldwährung alsbald wieder aufgegeben. Nach seinem Plan sollten sämtliche Silberscheidemünzen Italiens in rein nationale Münzen verwandelt werden und zwar unter folgenden Voraussetzungen.

Ging Frankreich nach Italiens Austritt aus dem Münzverein auf den damals von G. Garnier im französischen Senat gemachten Vorschlag ein, sämtliche silbernen Scheidemünzen wieder mit dem alten Feingehalte $^{900}/_{1000}$ auszuprägen, so könnte Italien ruhig seine silbernen Scheidemünzen mit dem bisherigen Feingehalt von $^{835}/_{1000}$ in den Verkehr bringen; behielt aber Frankreich den Feingehalt von $^{835}/_{1000}$ für diese Münzen auch weiterhin bei, so sollte die italienische Regierung den Silbergehalt der 1-Lira-Münze auf $^{800}/_{1000}$, denjenigen der Stücke zu 50 Centesime auf $^{775}/_{1000}$ herabsetzen; die 2-Lire-Scheine sollten wegen ihrer bequemen Stückelung für den kleinen Zahlungsverkehr bis zur völligen Wiederherstellung einer Metallwährung im Umlauf bleiben. In beiden Fällen hätte das gegen Zurückziehung entsprechend gestückelter Noten zunächst auszugebende Silberscheidegeld nach Abschaffung des Zwangskurses

[1]) Moneta e Corso forzoso.

nicht mehr umgeprägt werden müssen, und dann wäre auch eine erneute Bildung des (synchartalen) Agios nicht mehr zu befürchten gewesen, da die eine Voraussetzung dazu, die durch den Münzvertrag vereinbarte technisch gleichartige Herstellung (Homochartismus) durch die Herabsetzung des Feingehaltes aus der Welt geschafft worden wäre.

Bekanntlich harrte aber Italien besonders mit Rücksicht auf Frankreich als Anleihemarkt für die Unterbringung der zur Wiedereinführung einer Goldwährung unerläßlichen Goldanleihe beim Münzbunde aus und hatte gemäß den Bestimmungen der Münzkonferenz von 1878 die nach den Staaten des Bundes gewanderten silbernen Scheidemünzen in der früher erörterten Weise zurückgekauft. Damit war die von Ferraris 1879 angeregte durchaus zweckmäßige Nationalisierung der italienischen Silberteilmünzen gegenstandslos geworden, um aber nach den für Italien währungspolitisch traurigen Ereignissen der Jahre 1892—94 wieder in den Vordergrund des allgemeinen Interesses zu treten und alsbald ihre Verwirklichung zu finden.

Da Italien auf Grund der Münzkonvention vom 6. November 1885 dem Münzbunde weiterhin angehörte, so gab es für eine Nationalisierung der italienischen Silberteilmünzen nur zwei Möglichkeiten. Entweder Italien trat nach 1891 aus dem Münzbunde aus und schuf rein nationale Münzen, oder es blieb beim Münzbunde und war dann bei einer etwaigen Nationalisierung seiner silbernen Teilmünzen an die Zustimmung der Münzgenossen gebunden.

Daß nach 1891 ein Austritt Italiens aus dem Münzbunde ernstlich nicht in Betracht kommen konnte, dafür sorgte schon die in Art. 14 der Konvention von 1885 und dem zugehörigen Arrangement aufgestellte „Liquidations-Klausel". Darnach ist jeder der Vertragsstaaten verpflichtet, bis 1. Oktober des auf die Auflösung des Bundes folgenden Jahres die im Zahlungsverkehr vorhandenen, das Gepräge der anderen Staaten tragenden 5-Lire-Stücke aus dem Verkehr zu ziehen und von diesem Zeitpunkte an dieselben an den öffentlichen Kassen zurückzuweisen. Ein Austausch der über die Beträge eingezogener 5-Lire-Stücke der anderen Staaten aufgestellten Saldi unter den einzelnen Vertragsstaaten hat bis zum 15. Januar des 2. Jahres zu erfolgen, und von demselben Zeitpunkt an sind die Silberscudi für die Zurücknahme durch die anderen Staaten zur Verfügung zu halten.

Nach Art. 4 des Arrangements zum Art. 14 der erwähnten Konvention hat die Bezahlung der seitens eines Staates von den anderen Vertragsstaaten zurückgenommenen 5-Lirestücke entweder in den das Gepräge des Gläubigerstaates tragenden silbernen 5-Lire-Stücken oder in Goldmünzen des Bundes oder in im Gläubigerstaat zahlbaren Tratten zu erfolgen.

Eine eingehende Regelung der gegenseitigen Zurücknahme der silbernen 5-Lire-Stücke fand zwischen Italien und der Schweiz statt. Darnach hat die Bezahlung der von der schweizerischen Regierung an Italien abzuliefernden Silberscudi seitens Italiens grundsätzlich in schweizerischen 5-Franken-Stücken, Goldmünzen des Bundes oder Sichttratten auf Basel, Bern, Genf und Zürich zu erfolgen. Der seitens Italiens an die Schweiz für jede im Minimum auf $^1/_2$, im Maximum auf 2 Millionen Franken festgesetzte Lieferung zu zahlende Betrag muß zu $^2/_3$ aus Goldmünzen oder schweizerischen 5-Frankenstücken bestehen, der Rest aus Tratten. Dabei ist jedoch der Höchstbetrag des von Italien an die Schweiz in Goldmünzen oder 5-Frankenstücken zu zahlenden Saldos auf 20 Millionen Lire festgesetzt, sodaß also der noch zugunsten der Schweiz vorhandene Restsaldo von 10 Millionen Franken seitens Italiens in Sichttratten auf die erwähnten Städte getilgt werden kann.

Wenn also Italien den Münzgenossen den Rücken kehrte, so mußte es, ganz abgesehen von der Zurücknahme der Silberteilmünzen, entsprechend der Liquidationsklausel auch seine außer Landes geströmten silbernen 5-Lirestücke gegen Goldgeld von den anderen Staaten des Münzbundes zurückkaufen. Da dieses Goldgeld 1892 aus dem Zahlungsverkehr längst verschwunden und auch in den Staatskassen nur spärlich vorhanden war, so hätten die erforderlichen Goldmünzen durch eine neue Goldanleihe im Ausland aufgebracht werden müssen, an deren Unterbringung bei dem damaligen schlechten Stand der Staatsfinanzen nur unter sehr ungünstigen Bedingungen zu denken gewesen wäre, zumal der französische Anleihemarkt sich nach Italiens Austritt aus dem Bunde kaum mehr aufnahmefähig gezeigt hätte. Finanziell und politisch vorteilhafter war es demnach für Italien, die geplante Nationalisierung seiner Silberteilmünzen mit Hilfe der Münzgenossen durchzuführen, umsomehr, als 1893 Frankreich und besonders die Schweiz auf Abschluß von Vereinbarungen drängten, die beide Länder vor der ständigen Überschwemmung ihrer Kassen mit italienischen Silberteilmünzen schützen sollten.

Zur gemeinsamen Beratung dieser Frage wurde dann auch auf Verlangen Italiens im Einverständnis mit Frankreich und der Schweiz eine von Anfang Oktober bis Mitte November 1893 in Paris tagende Konferenz der Münzbundstaaten einberufen, die in einem „Übereinkommen betr. die teilweise und zeitweilige Revision einiger Bestimmungen der Münz-Übereinkunft vom 6. November 1885“ die zur Nationalisierung der italienischen Silberteilmünzen erforderlichen Änderungen des Münzvertrages niederlegte.

Es war hierbei von vornherein feststehend, daß an dem münztechnischen Teile des Vertrages, d. h. den Bestimmungen über die technisch gleichartige Herstellung der Silberteilmünzen (Homochartismus) nichts geändert werden durfte. Wollte man also den italienischen Silberscheidemünzen eine Sonderstellung innerhalb des Bundesgebietes einräumen, so konnte dies nur durch Abänderung des geldrechtlichen Teiles des Münzvertrages, d. h. der Bestimmungen über die Verleihung der rechtlichen Eigenschaft, Bundesgeld zu sein, geschehen. Da die Nationalisierung der italienischen Silberteilmünzen sich demnach auf die schon vorhandenen von Italien in Umlauf gesetzten und infolge des (synchartalen) Agios größtenteils nach den angrenzenden Staaten des Münzbundes ausgewanderten Silberscheidemünzen erstreckte und demnach auch an dem in Art. 9 der Münzkonvention von 1885 für Italien festgesetzten Kontingent von 182,400,000 Lire solcher Münzen festhielt, so mußte die Konferenz zunächst die Art und Weise des Rückkaufes dieser

Münzen durch Italien und dann die Änderung der Art. 6 und 7 des Münzvertrages vom 6. November 1885 festlegen.

Belgien, Frankreich, Griechenland und die Schweiz verpflichteten sich, die in ihrem Geldumlauf vorhandenen italienischen Silberteilmünzen zu Lire 2, 1, ½ und ⅕ für Rechnung Italiens aus dem Zahlungsverkehr zu ziehen und diesen Münzen fernerhin 4 Monate, den aus den französischen Kolonien kommenden 5 Monate nach erfolgter Ratifikation des Vertrages (24. März 1894) die bisherige rechtliche Eigenschaft zu entziehen, von den Kassen der Vertragsstaaten als Bundesgeld bis zum jeweiligen Betrag von 100 Fr. angenommen zu werden.

Für die jeweils angesammelten Beträge italienischer Scheidemünzen mußte Italien vom Tage des Abganges der Benachrichtigung an den Münzgenossen eine Zinsvergütung von 2½% gewähren, und dieser Satz erhöhte sich mit dem 10. Tage nach der Absendung dieser Münzen bis zur Leistung des Gegenwertes durch Italien auf 3½%. Die Bezahlung der zurückgenommenen Münzen hatte seitens Italiens mindestens zur Hälfte in goldenen Kurantmünzen des Bundes, der Rest in Tratten auf den Gläubigerstaat zu erfolgen. Während aber bei der in den Jahren 1880 bis 1883 schon einmal erfolgten Zurücknahme der italienischen Silberteilmünzen die ganze Operation in Händen Frankreichs lag, übte dieses diesmal nur die Oberkontrolle aus, indem sämtliche Staaten die Beträge der jeweils angesammelten Silberteilmünzen Frankreich mitteilten, das dann die jeweils an Italien abzuführenden Beträge unter die einzelnen Münzgenossen verteilte; insbesondere blieb die Abrechnung mit Italien diesmal Sache jedes einzelnen Münzgenossen.

Italien mußte sich jedoch verpflichten, während der ersten 4 Monate nach dem Austausch der Ratifikationen wenigstens 45 Millionen Lire seiner Silberteilmünzen zurückzunehmen und in jedem folgenden Trimester wenigstens 35 Millionen bis zur völligen Zurücknahme des gesamten ihm von Frankreich notifizierten Betrages. An den oben erwähnten 45 Millionen Lire durfte sich die Schweiz bis zum Betrag von 15 Millionen Franken beteiligen, ein Entgegenkommen, das derselben mit

Rücksicht auf die besonders starke Überschwemmung ihrer Post- und Zollkassen mit italienischem Silberkleingeld eingeräumt wurde.

Sobald Italien sämtliche von den anderen Münzgenossen zur Verfügung gestellten Silberteilmünzen zurückgenommen und beglichen hatte, kam auch die Verpflichtung zur Zurücknahme solcher Münzen von den öffentlichen Kassen der Vertragsstaaten in Fortfall.

Die zur Nationalisierung der italienischen Silberteilmünzen erforderlichen Änderungen des Münzvertrages von 1885 wurden durch Art. 2 des Arrangements von 1893 bewirkt. Danach werden 4 Wochen nach erfolgter Ratifikation des Vertrages die italienischen Silberteilmünzen von den öffentlichen Kassen der anderen Staaten nicht mehr angenommen, gehen also ihrer rechtlichen Eigenschaft, gesetzliches Zahlungsmittel des Bundes zu sein, verlustig. Außerdem kann die Einfuhr dieser Münzen in nicht italienisches Gebiet verboten werden, wovon die Schweiz 1894 Gebrauch machte. Ferner erhielt Italien die Befugnis, die Ausfuhr seiner Silberteilmünzen durch gesetzliche Massnahmen zu verhindern.

Durch diese Änderungen traten an Stelle des alten zwischen sämtlichen 5 Münzgenossen bestehenden Vertrages über die technisch gleichartige Herstellung der Kurantmünzen und der silbernen Scheidemünzen, sowie über deren rechtliche Behandlung als Bundesgeld zwei neue Verträge. Der eine hat wie bisher die technisch gleichartige Herstellung der erwähnten Münzen aller 5 Staaten zur Grundlage, der andere stellt einen Separat-Vertrag der anderen 4 Staaten ohne Italien auf Grund des ersten gemeinsamen Vertrages dar und hat als Vertragsgegenstand die rechtlich gleichartige Stellung der nicht italienischen Silberscheidemünzen als Bundesgeld innerhalb der 4 Staaten.

Da aber die von Italien in den Jahren 1880—83 schon einmal von den Münzgenossen zurückgekauften Silberteilmünzen, die auf dem Wege der Einlösung der Konsortialnoten unter 5 Lire in den Verkehr gebracht worden waren, in ganz kurzer

Zeit aus den früher erörterten Gründen außer Landes geströmt waren, so erhielt Italien vorübergehend und ausnahmsweise die Ermächtigung (Art. 12), an Stelle der zurückgekauften Silberteilmünzen „Buoni di Cassa“ (Kassenscheine) in der Stückelung unter 5 Lire auszugeben. Jedoch mußten die in den Verkehr gebrachten Kassenscheine durch einen gleich großen Betrag italienischer Silberteilmünzen gedeckt sein, die in den Schatzämtern des Staates gesperrt und ausdrücklich zu diesem Zweck verfügbar sein mußten.

Weil es sich bei Ausgabe dieser Scheine um eine Maßnahme zur möglichst raschen Abstellung der im kleinen Zahlungsverkehr infolge Mangels entsprechender Zahlungsmittel vorhandenen Unzuträglichkeiten handelte, so wurde der Minister des Schatzes zur Verausgabung dieser Scheine auch für den Fall ermächtigt, daß der zur Deckung erforderliche Betrag italienischer Silberteilmünzen nicht im Staatsschatze vorhanden war. In diesem Fall hatte aber die fehlende Deckung durch Gold- oder Silbermünzen zu erfolgen, die möglichst schnell gegen aus dem In- oder Auslande zu beschaffende Silberteilmünzen umgetauscht werden mußten. Über alle mit der Ausgabe der Kassenscheine unter Sperrung entsprechender Beträge italienischer Silberteilmünzen zusammenhängenden Vorgänge war seitens Italiens an das in Geldangelegenheiten des Bundes stets die Oberaufsicht führende Frankreich unter Vorlegung der entsprechenden Akten genauer Bericht zu erstatten.

Diese auf Grund des Dekretes vom 4. August 1893 zunächst in der Stückelung zu 1 Lira ausgegebenen Kassenscheine,[1]) die notales Scheidegeld mit papierenen Platten darstellten, erfuhren unter Neuverausgabung von Kassenscheinen zu 2 Lire eine ständige Vermehrung entsprechend dem Betrage der von der Regierung von den Münzgenossen zurückgekauften und immobilisierten Silberteilmünzen. Gleichzeitig schuf die Regierung

[1]) Aufschrift: Vorderseite: „Buoni di Cassa a corso legale da una lira“. Rückseite: „I buoni di cassa posti in circulazione sono garantite e coperti per intero da monete divisionali italiane d'argento, immobilizzate nelle tesorerie dello Stato e destinate espressamente a questo scopo“.

durch Prägung von Nickelmünzen (Dekret vom 21. Februar 1894) zu 20 Centesimi mit einer Legierung von 25 % Nickel und 75 % Kupfer eine weitere notale Geldart. Die im Betrage von 20 Millionen Lire ausgegebenen Nickelmünzen hatten allgemeinen Annahmezwang bei allen Zahlungen unter 5 Lire.

Die Ausgabe der Kassenscheine an Stelle der von den Münzgenossen zurückgekauften Silberteilmünzen war eine Vorsichtsmaßregel der Regierung, die unbedingt nötig war, da bei einem Kurse der Devise Paris von 108,35 Lire im Dezember 1894 in Italien das (synchartale) Agio der Goldmünzen und des Silberscudos wieder zur dauernden Erscheinung wurde, und auch die silbernen Teilmünzen trotz Verlustes ihrer rechtlichen Eigenschaft, Bundesgeld zu sein, hiervon infolge der Spekulationen der Banken und Agioteure nicht verschont blieben.

Aus diesem Grunde entschloß sich Italien, die Ausfuhr seiner Silberteilmünzen gesetzlich zu verbieten, und erhielt hierzu die Zustimmung der anderen Münzgenossen. (Zusatzprotokoll vom 15. März 1898.) Mit dem Wegfall der Wahrscheinlichkeit der Wiederzulassung des italienischen Silberkleingeldes als Bundesgeld wurde Italien seiner Verpflichtung zur Auswechselung seiner Silberteilmünzen gegenüber den anderen Münzgenossen noch zwei Jahre nach Beendigung des Münzbundes enthoben. Das Ausfuhrverbot[1]) trat mit dem 15. März 1899 in Kraft und erstreckt sich auf alle italienisches Gepräge tragenden Silberteilmünzen zu Lire 2, 1 und ½. Eine einzige Ausnahme findet zugunsten der Reisenden statt, die solche Münzen bis zum Höchstbetrage von 10 Lire beim Verlassen des Landes bei sich führen dürfen.

Hiermit stand der Ausgabe der im Staatsschatze gesperrten Silberteilmünzen nichts mehr im Wege. Zu dem Zwecke wurde 1899[2]) den Kassenscheinen zu 2 und 1 Lira mit dem 31. Dezember 1901 der allgemeine Annahmezwang entzogen und die bis zum 31. Dezember 1906 nicht zur Einlösung vorgelegten Stücke zugunsten der Arbeiterinvaliditäts- und -Alterskasse ver-

[1]) Dekret vom 19. Februar 1899.

[2]) Gesetz vom 16. Februar 1899.

rufen. Die Einlösung der Kassenscheine erfolgte durch Verausgabung des silbernen Scheidegeldes, dessen Kontingent durch das Pariser Übereinkommen vom 29. Oktober 1897 für Italien auf 232,400,000 Lire erhöht worden war.

Eine weitere Vermehrung des notalen Geldes trat dadurch ein, daß 1901 für 30 Millionen Lire vor dem Jahre 1894 geprägter Bronzemünzen zu 5 und 10 Centesimi eingezogen und als Metall verkauft wurden und an deren Stelle 1902[1]) für denselben Betrag reine Nickelmünzen zu 25 Centesimi ausgegeben wurden. Diese Münzen haben einen Nickelfeingehalt von 0,975 und erfreuen sich im kleinen Zahlungsverkehr im Gegensatz zu den 1894 nach deutschem Muster hergestellten Stücken großer Beliebtheit; gesetzlichen Annahmezwang haben dieselben bis zum Betrage von 5 Lire bei jeder Zahlung.

Also auch in Italien jenes auffallende Anschwellen des unterwertigen (notalen) Geldes! Ja, für Italien sind diese notalen Geldarten das ausschließlich in Betracht kommende Geld. Denn, da die goldenen 10- und 20-Lirestücke 1894 ein sehr seltener Gast geworden waren und neuerdings in den Kellern der Notenbanken und im Staatsschatz aufgespeichert werden, so kommen für den inländischen Zahlungsverkehr von Metallgeld nur die silbernen 5-Lirestücke, also auch entwertetes Geld, dann die Scheidemünzen aus Silber, Nickel und Bronze in Betracht, während dem mittleren und großen Zahlungsverkehr die seit Erklärung des Zwangskurses im Mai 1866 überaus reichliche Fülle von Bank-, Konsortial- und Staatsnoten diente.

§ 9. DIE REFORM DER NOTENBANKEN.

Die schlimmen Erfahrungen, die die Regierung bald nach der Erklärung des Zwangskurses mit einigen ihrer Emissionsbanken besonders in bezug auf die Ueberschreitung der gesetzlich festgelegten Höhe des Notenumlaufes durch Ausgabe eigener Noten machen mußte, hatte 1874 die im Konsortialgesetz niedergelegte genaue Festsetzung des Betrages der für eigene

[1]) Dekret vom 13. Februar 1902.

Rechnung und für Rechnung des Staates seitens der einzelnen Institute auszugebenden Noten hervorgerufen. Aber auch diese Bestimmungen wurden bald wieder verletzt.

Deshalb hatte das Gesetz vom 7. April 1881 die Neuregelung des Notenbankwesens für das Jahr 1882 in Aussicht gestellt. Da aber die Durchführung einer etwa 1882 oder 1883 angenommenen, durchgreifende Aenderungen in der Banknotenausgabe enthaltenden Gesetzesvorlage mit der Durchführung der Währungsänderung vom Jahre 1883 zusammengefallen wäre, so erfolgte die Vorlegung eines diesbezüglichen Gesetzesentwurfes erst am 26. November 1883. Dieser vom Ackerbau- und Handelsminister Berti und dem Finanzminister Magliani vorgelegte Entwurf vertrat den Grundsatz der „Libertà e pluralità“ der Notenbanken.[1])

Darnach sollte die Regierung ermächtigt werden, jede private Bank, die folgende Bedingungen erfüllte, zur Ausgabe von Banknoten zu ermächtigen. Diese Banken sollten nationale Gesellschaften sein in der Form von Aktiengesellschaften entsprechend den Bestimmungen des Handelsgesetzbuches; ihr gezeichnetes Kapital sollte mindestens 15 Millionen und der wirklich eingezahlte Teil desselben 10 Millionen Lire betragen, und die Abschnitte der auf den Namen auszustellenden Aktienscheine sollten auf nicht weniger als 500 Lire lauten.[2])

Die Höhe der in der Stückelung zu Lire 25, 50, 100, 500 und 1000 von jedem Institut auszugebenden stets in Metallgeld einzulösenden Noten war auf den dreifachen Betrag des eingezahlten Gesellschaftskapitals festgesetzt, wobei aber als Höchstbetrag der von sämtlichen Notenbanken auszugebenden Scheine 1050 Millionen Lire aufgestellt wurde. Doch sollte dieser Betrag nur in dem Falle und insoweit überschritten werden dürfen, als eine spätere allmähliche Verteilung des Staatsnotenbetrages auf die Gesamthöhe der Notenausgabe der Banken erfolgte. Für die im Umlauf befindlichen Noten abzüg-

---

[1]) Atti stampati p. o. d. camera vol. XIII.

[2]) Art. 2 des Entwurfes.

lich der Metallreserve (Drittelsdeckung) war eine Steuer von $^1/_2$ % vorgesehen.[1])

Dieser den Grundsatz der „Vielheit“ der Notenbanken vertretende Gesetzesentwurf war nach eingehenden Studien ähnlicher Notenbanksysteme in England (Ges. von 1844), Schweden (königl. Ordonnanz vom 14. I. 1824) und in den Vereinigten Staaten von Nord-Amerika (free-banking Act of 1838) und unter Berücksichtigung der im italienischen Parlament sich nach derselben Richtung hin geltend machenden Wünsche von den beiden Ministern vorgelegt worden.

Trotzdem die Session von 1883 bis 1886 dauerte, kam der Entwurf niemals zur Beratung — nicht zum Schaden des Landes; denn wenn es schon bisher der Regierung alle Mühe kostete, die sechs Notenbanken einigermaßen zu überwachen und in den gesetzlichen Schranken zu halten, so hätte die Ausstattung zahlreicher kleiner Bankunternehmungen mit dem gewinnerhöhenden Privileg der Notenausgabe der Regierung in der kritischen Zeit nach 1892 eine wirksame Verwaltung ihres Geld-, besonders ihres Notenwesens völlig unmöglich gemacht. Die Lage des Zahlungsverkehrs sah ja 1892/94 derjenigen bei Erklärung des Zwangskurses im Mai 1866 verzweifelt ähnlich. Dazu kam, daß die Regierung nicht nur mit der Römischen Bank als Notenbank recht schlimme Erfahrungen hatte machen müssen, sondern daß auch bei der Bank von Neapel Unregelmäßigkeiten aufgedeckt worden waren, mit deren Untersuchung 1893 eine parlamentarische Kommission betraut wurde. Hierbei stellte sich heraus, daß drei der Notenbanken um 81 $^1/_2$ Millionen Lire mehr Noten ausgegeben hatten, als gesetzlich zulässig war; ferner, daß sämtliche Emissionsbanken für zusammen 133 $^1/_2$ Millionen Lire notleidende Effekten im Portefeuille hatten, und daß weitere 200 Millionen Lire in sehr schwer realisierbaren Geschäften immobilisiert waren.

Die Neuregelung der gesetzlichen Bestimmungen über die Notenbanken und deren Notenumlauf ließ sich daher nicht mehr

[1]) Art. 7, 9 und 16 des Entwurfes.

länger hinausschieben und wurde damit dann auch 1893 begonnen.[1])

Drei der bisherigen Notenbanken, die Nationalbank für Italien, die Nationalbank für Toskana und die Toskaner Kreditbank gingen laut Gesetz vom 10. August 1893 eine Fusion ein zwecks Bildung einer großen Notenbank, der Banca d'Italia, deren Dauer auf 20 Jahre nach der Aufnahme ihrer Tätigkeit, dem 1. Januar 1894, festgesetzt wurde. Daneben blieben die Bank von Neapel und ebenso die Bank von Sizilien weiter als Notenbanken bestehen.

Die neue Banca d'Italia erhielt die Form einer Aktiengesellschaft, die nach dem erwähnten Gesetz von 1893 ein Nominal-Kapital von 300 Millionen Lire in Form von 300,000 Aktien zu 1000 Lire aufweisen sollte. Das Gesellschaftskapital wurde jedoch durch Gesetz vom 17. Januar 1897 zunächst um 30 Millionen Lire vermindert und im Sammelgesetz von 1900 auf 240 Millionen Lire festgesetzt.

Das Recht zur Ausgabe eigener Noten in der einheitlichen Stückelung zu Lire 50, 100, 500 und 1000 erhielten die neue Banca d'Italia und ebenso die Bank von Neapel und die Bank von Sizilien für die Dauer von 20 Jahren nach dem 1. Januar 1894.

Außerdem blieben die beiden süditalienischen Banken auf Grund der 1892 von der Regierung gebilligten Neuaufstellung der Statuten zur weiteren Ausgabe der bekannten giralen Zahlungsmittel, der Fedi di credito und der Polizze ermächtigt. Die öffentlichen Kassen nehmen diese giralen Zahlungsmittel auch fernerhin in Zahlung, aber nicht nur wie früher innerhalb der sizilianischen und neapolitanischen Zahlgemeinschaften, sondern entsprechend der Regelung des Annahmezwanges der Banknoten in ganz Italien überall da, wo eine zur Einlösung befähigte Zweigstelle der Banken vorhanden ist. Die früher von den beiden

[1]) Die die diesbezüglichen Bestimmungen enthaltenden zahlreichen Gesetze und Dekrete erstrecken sich über den Zeitraum von 1893—1900 und sind der Uebersichtlichkeit halber im Sammelgesetz vom 9. Oktober 1900 veröffentlicht worden.

Banken ausgegebenen Mandati di pagamento (Order-Schecks) unterstehen den Bestimmungen des Scheckgesetzes.

Die Noten der bisherigen Nationalbank für Italien, der Nationalbank für Toskana und derjenigen der Toskaner Kreditbank verloren Ende 1897 den allgemeinen Annahmezwang, wurden aber noch bis zum Eintritt der Verrufung, dem 30. Juni 1904, gegen die neuen Noten der Bank von Italien eingetauscht.

Da die Regierung die Banca d'Italia mit der Liquidation der Römischen Bank beauftragt hatte[1]), zog dieselbe die Noten der Römischen Bank aus dem Zahlungsverkehr und ersetzte dieselben durch ihre eigenen Noten, aber innerhalb der 1893 festgesetzten Höchstgrenze von 800 Millionen Lire. Die bis 1898 nicht zum Umtausch vorgelegten Noten wurden verrufen.

Die Herstellung der eigenen Noten der drei Banken erfolgt in der Weise, daß weder der Staat noch eines der Institute allein eine zirkulationsfähige Note fertigstellen können.

In dem Gesetz von 1893 war die Höchstgrenze der von den drei Banken auszugebenden Noten auf 1097 Millionen Lire festgesetzt worden und zwar für die Banca d'Italia auf 800 Millionen, für die Bank von Neapel auf 242 Millionen und für die Bank von Sizilien auf 55 Millionen Lire. Mit dem 1. Januar 1900 wurde aber das Notenmaximum auf 1,010,100,000 Lire in folgender Verteilung festgesetzt:

Bank von Italien	732	Millionen Lire
Bank von Neapel	226,4	„ „
Bank von Sizilien	51,7	„ „

Diese Höchstgrenze des Notenumlaufes muß jedoch am Ende eines jeden Jahres, vom 1. Januar 1901 ab beginnend, bei der Bank von Italien um 17 Millionen, bei der Bank von Neapel um 5,2 Millionen und bei der Bank von Sizilien um 1,1 Million Lire so lange vermindert werden, bis der Notenumlauf der 3 Banken die erstrebte Höchstgrenze von 864 Millionen Lire erreicht hat und zwar:

[1]) Gesetz vom 10. August 1893 Art. 25 und Dekret vom 10. Dezember 1894.

630 Millionen Lire bei der Bank von Italien
190 „ „ „ „ Bank von Neapel
44 „ „ „ „ Bank von Sizilien.

Das Notenmaximum darf jedoch beliebig überschritten werden, wenn die darüber hinaus ausgegebenen Scheine vollständig durch Münzen, die im Königreich Kassenkurs genießen, oder durch Goldbarren gedeckt sind. Die Verwendung von Silberscheidemünzen darf hierbei nur bis zu 2 % stattfinden.

Die zur Deckung der eigenen Noten der drei Banken vorgesehene Reserve muß 40 % der umlaufenden Noten betragen und muß bei der Bank von Italien wenigstens bis zu 25 %, bei der Bank von Neapel bis zu 23 % und bei der Bank von Sizilien wenigstens bis zu 25 % aus gemünzten Zahlungsmitteln, die Kassenkurs haben, oder aus Goldbarren bestehen; dabei muß jedoch auf jeden Fall der Teil der Notendeckung, der sich aus Münzen zusammensetzt, wenigstens zu 3/4 Teilen aus Goldmünzen bestehen. Silberscheidemünzen dürfen auch hier nur bis zu 2 % Verwendung finden. Der über den aus Münzen oder Goldbarren bestehenden Prozentsatz hinausgehende Teil der Notendeckung, also 11 % bei der Banca d'Italia, 7 % bei der Bank von Neapel und 15 % bei der Bank von Sizilien (innerhalb der Gesamtdeckung von 40 %) kann folgendermaßen zusammengesetzt sein:

1. Aus ausländischen Wechseln von folgender Beschaffenheit. Zugelassen sind nur Wechsel auf Länder mit Goldwährung oder auf diejenigen Staaten des lateinischen Münzbundes, in denen die Bezahlung der Wechsel entweder ebenfalls in Gold, oder in Kurantmünzen des Bundes erfolgt. Diese Wechsel dürfen nicht länger als drei Monate laufen, von dem Tage an gerechnet, an dem dieselben dem Portefeuille der Notenbanken einverleibt werden, und müssen mindestens 2 erstklassige Unterschriften besitzen. Zur Prüfung der Unterschriften haben die Notenbanken am Ende eines jeden Halbjahres ein Verzeichnis derselben dem Minister des Schatzes einzureichen, der die Streichung zweifelhafter Unterschriften beantragen kann.

2. Bescheinigungen (Certifikate) über Kontokorrentguthaben der italienischen Notenbanken bei ausländischen Notenbanken

oder bei den mit dem italienischen Staatsschatz in Verbindung stehenden Bankhäusern. Als Hauptbedingung gilt aber auch hier, die Guthaben müssen in Gold oder Kurantmünzen des Bundes entweder sofort, oder höchstens innerhalb 15 Tagen auszahlbar sein. Diejenigen Notenbanken, die solche Kontokorrentguthaben als Teil ihrer Notendeckung benutzen, haben die darüber ausgestellten Bescheinigungen am 10., 20. und letzten eines jeden Monats dem Schatzministerium zur Prüfung vorzulegen. Doch dürfen diese Guthaben höchstens 3½ % des Notenumlaufes innerhalb der gesetzlich festgelegten Höchstgrenze ausmachen.

3. Schatzscheine Großbritanniens, im allgemeinen alle in Gold- oder Kurantmünzen des Bundes zahlbaren Schatzscheine, die längstens innerhalb 3 Monaten nach dem Tage des Erwerbes durch eine der Banken fällig sein müssen; beträgt die Fälligkeitsfrist jedoch mehr als 3 Monate, so ist an Stelle des Nominalbetrages der Schatzscheine der Preis in Anrechnung zu bringen, der beim Diskontieren wirklich erzielt würde.

Für die Bank von Neapel wurde diese Bestimmung dann dahin erweitert[1]), daß dieselbe über jene 7 % hinaus ihre zur Notendeckung bestimmten Metallgeldvorräte bis zum Betrag von 20 Millionen Lire zum Erwerb der erwähnten ausländischen Goldwechsel, Goldguthaben und Schatzscheine der Goldwährungsländer verwenden durfte, um sich dadurch das auf Grund des Artikels 13 des Gesetzes vom 9. Oktober 1900 dem Staat gegen einen entsprechenden Betrag von Staatsnoten zur Verfügung gestellte Goldgeld wieder nach und nach aus dem Auslande zu beschaffen.

Auf keinen Fall darf die Metallreserve jedoch weniger betragen als 300 Millionen bei der Banca d'Italia, 90½ Millionen bei der Bank von Neapel und 21 Millionen Lire bei der Bank von Sizilien. Für den durch die erwähnten Minimalbeträge der Metallreserve nicht gedeckten Teil des Notenumlaufs wird den Besitzern von Scheinen der drei Banken ein Vorzugsrecht an folgenden Vermögensbestandteilen der Banken eingeräumt,

---

[1]) Gesetz vom 17. Januar 1897.

sofern es sich nicht um aus Kautionen herrührende Pfänder handelt:

a) an allen Goldmünzen und allen Silbermünzen, die gesetzliches Zahlungsmittel sind, sofern dieselben über den vorgeschriebenen Minimalbetrag der Metallreserve hinaus als Eigentum der Bank vorhanden sind; ausgenommen hiervon bleiben die Beträge, die die Bank zur Erfüllung ihrer täglichen Verbindlichkeiten durchschnittlich bereit hält;

b) an den im Eigentum der Bank befindlichen italienischen Schatzscheinen;

c) an allen ausländischen Wechseln, die nicht zu dem für die Notendeckung bestimmten Portefeuille gehören;

d) an den aus dem Lombardgeschäft herrührenden Guthaben der Notenbanken.

Außer der Reserve für den Notenumlauf ist jede der drei Banken verpflichtet, für sämtliche aus Wechseln, Schecks, Fedi di Credito und ähnlichen bei Sicht zahlbaren Schuldtiteln eine Spezialreserve in Höhe von wenigstens 40 % der durchschnittlichen Verpflichtungen dieser Art sicher zu stellen; für die Zusammensetzung dieser Spezialreserve gelten die gleichen Bestimmungen wie für die Reserve zur Notendeckung.

Von der Durchschnittshöhe des jährlichen Notenumlaufes innerhalb der gesetzlich vorgesehenen Höchstgrenze wird eine Notensteuer von 1 % pro Jahr entrichtet, wobei jedoch der Betrag der wirklich vorhandenen metallenen Notendeckung, sowie der dem Staate gewährten Metallgeldvorschüsse in Abrechnung gebracht werden darf.

Übersteigt der bis zu 40 % gedeckte Notenumlauf das gesetzliche Maximum bis zu höchstens 45 Millionen Lire bei der Bank von Italien, bis zu 14 Millionen Lire bei der Bank von Neapel und bis zu $3\frac{1}{2}$ Millionen bei der Bank von Sizilien, so erhöht sich die Umlaufsteuer auf $\frac{2}{3}$ der Höhe des jeweiligen Diskontsatzes und beträgt die volle Höhe desselben, sobald auch dieses für jede Notenbank eben mitgeteilte Mehr der Ausgabe überschritten wird. Erreicht endlich das über die gesetzliche Höchstgrenze des Notenumlaufes hinausgehende Mehr der Notenausgabe den Betrag von 90 Millionen bei der Banca d'Italia, von 28 Millionen bei der Bank von Neapel und von 7 Millionen Lire bei der Bank von Sizilien, so ist dafür die doppelte Höhe des jeweiligen offiziellen Diskontsatzes als Notensteuer zu entrichten. Die über die gesetzliche Höchstgrenze hinaus ausgegebenen, völlig durch Metallgeld oder Goldbarren gedeckten Noten bleiben steuerfrei.

So lange die Noten allgemeinen Annahmezwang genießen, ist die Höhe des Diskontsatzes für alle drei Institute dieselbe und darf nur mit Ermächtigung der Regierung verändert werden.

Die rechtliche Stellung der eigenen Noten der Banken wurde durch das die Barzahlungen offiziell suspendierende Dekret vom 21. Februar 1894 festgelegt. Darnach sind die Notenbanken grundsätzlich zur Einlösung ihrer mit allgemeinem Annahmezwang ausgestatteten Noten verpflichtet. Es steht denselben jedoch frei, diese entweder in uneinlösbaren Staatsnoten zum Nennwert einzulösen, oder auf Verlangen in Metallgeld; im letzteren Falle darf das an der nächsten Börse festzustellende (synchartale) Agio des gemünzten Geldes gegenüber den Noten in Abzug gebracht werden (Goldprämie).

Der gesamte Umlauf an eigenen Noten der drei Banken betrug Ende Juni 1892 [1]) 1,180,677,919 Lire bei einem Gesamt-Edelmetallbestand von 490,094,187 Lire, darunter 423,674,852 Lire in Gold. Dieser Höchstbetrag setzte sich folgendermaßen zusammen:

963,500,000	Lire	mit 40 % Deckung innerhalb der gesetzlich festgelegten Höchstgrenze,
168,135,709	„	mit voller Deckung,
49,042,210	„	mit $^{2}/_{5}$ Deckung.

Die finanzielle Lage der Notenbanken war bei Beginn der Reform im Jahre 1894 durchaus ungünstig, zumal die durch Gesetz vom 10. August 1893 als mit der erforderlichen Liquidität einer Notenbank unvereinbar erklärten, immobilisierten Werte (ungedeckte Kredite, Kredite gegen hypothekarische Sicherheiten,

[1]) Spitzmüller, die österr.-ung. Währungsreform in der Zeitschrift für Volkswirtschaft, Sozialpolitik und Verwaltung. Bd. XI S. 519 ff.

protestierte und prolongierte Wechsel) sich 1894 bei den drei Banken auf zusammen ca. 636,500,000 Lire beliefen. Zur allmählichen Liquidierung dieser schwer realisierbaren Werte wurden deshalb die drei Institute durch Dekret vom 9. Oktober 1900 (Art. 50) verpflichtet, vom 1. Januar 1894 an innerhalb 15 Jahren und zwar in je drei Jahren ein Fünftel dieser Werte abzustoßen.

Das Dekret vom 21. Februar 1894, das den Emissionsinstituten die Einlösung ihrer eigenen Noten in Staatsnoten zum Nennwert oder in Metallgeld unter Abzug des jeweiligen Agios des gemünzten Geldes gestattete, hatte, wie wir schon früher erwähnten, durch Art. 3 die Staatsnoten für uneinlösbar erklärt. Gleichzeitig wurde der 1881[1]) für die Staatsnoten festgesetzte Höchstbetrag von 400 Millionen auf 600 Millionen Lire erhöht. Diese 200 Millionen Lire neu herzustellender Staatsnoten gab aber die Regierung nicht selbst aus, sondern behielt sich vor, diesen Betrag ihren drei Notenbanken in folgender Verteilung zur Verfügung zu stellen:

Bank von Italien	Lire	145	Millionen,
Bank von Neapel	„	45	„
Bank von Sizilien	„	10	„

Dagegen sollten die Notenbanken, die den erhaltenen Staatsnoten entsprechenden Beträge ihrer Goldvorräte immobilisieren und zur Verfügung des Staatsschatzes halten. Hierbei wurde angedroht, daß dasjenige Institut, das die Immobilisierung seines Metallgeldes zugunsten des Staatsschatzes nicht befolge, innerhalb 20 Tagen nach Veröffentlichung des diesbezüglichen Dekretes zur Einlösung seiner eigenen Noten in Silber- oder Goldgeld al pari gezwungen würde. Die auf diese Weise an Stelle der aus Gold bestehenden Notendeckung der Banken tretenden Staatsnoten wurden ausdrücklich als der im Gesetz vom 10. August 1893 vorgeschriebenen Notendeckung gleichwertig erklärt[2]).

---

[1]) Gesetz vom 7. April 1881.

[2]) Dekret vom 21. Februar 1894 Art. 2 Abs. 3. Sino a concorrenza delle somme effettivamente fornite dal tesoro ai detti istituti, i biglietti di Stato esistenti nelle casse rispettive saranno considerati, a tutti gli effetti di legge, come parte della riserva prescritta dagli art. 6 e 11 L. 10. VIII. 93.

Für die Ausgabe der neuen Staatsnoten in der Stückelung zu 5, 10 und 25 Lire kamen folgende Bestimmungen in Betracht. Zunächst konnten 45,000,000 Lire Staatsnoten der Bank von Neapel gegen Immobilisierung eines entsprechenden Betrages ihrer Goldmünzen zugunsten des Staatsschatzes zur Verfügung gestellt werden. Dann wurde vom 1. März 1897[1]) ab der Minister des Schatzes ermächtigt, weitere Staatsnoten im Betrage von 45 Millionen Lire auszugeben. Für diesen Betrag mußte eine Metallreserve, aus Gold- und Silbermünzen bestehend, in Höhe von 44 % der auszugebenden Noten bei der staatlichen Hinterlegungsstelle deponiert werden; italienische Silberteilmünzen durften hierbei nur bis zu 10 Millionen Lire Verwendung finden. Aber schon 1897 wurde obige Metalldeckung von 44 % auf 50 % der ausgegebenen Staatsnoten erhöht.

Für den Staatsnotenumlauf ergab sich also 1897 etwa folgendes Bild:

400 Millionen Lire mit einer Metallbedeckung von 70 Millionen in Gold und 10 Millionen Lire in Silber;

45 Millionen Lire mit einer erst durch die Bank von Neapel auf Grund besonderer Vereinbarungen mit der Regierung zu beschaffenden Goldreserve;

45 Millionen Lire mit einer Gold- und Silberbedeckung von 50 %, davon bis zu 10 Millionen Lire italienische Silberteilmünzen.

Die an dem Gesamtbetrag von 600 Millionen Lire Staatsnoten noch fehlenden 110 Millionen Lire ergaben den Betrag der im Einverständnis mit den übrigen Teilnehmern am lateinischen Münzbunde nach und nach ausgegebenen Kassenscheine zu 1 und 2 Lire, die aber nach den Zusatzprotokollen zur lateinischen Münzunion seit 1899 durch allmählichen Umtausch gegen die infolge ihrer Nationalisierung vor der Landflucht geschützten Silberteilmünzen aus dem Zahlungsverkehr verschwunden sind. Die Verrufung der Kassenscheine zu 1 und 2 Lire trat mit dem Schluß des Jahres 1906 ein.

---

[1]) Dekret vom 6. Dezember 1896: Art. 2.

Dementsprechend wurde bereits 1898 durch Gesetz vom 3. März die dem Minister des Schatzes erteilte Befugnis zur Ausgabe von Staatsnoten bis zum Betrage von 45 Millionen Lire mit einer Metallbedeckung von 50% auf 22½ Millionen Lire herabgesetzt.

Da sich aber 1894 die Zustände im Zahlungsverkehr infolge des mit dem Anschwellen des (synchartalen) Agios des 20-Lire-Stückes bis zu 15% zusammenhängenden Mangels an Umlaufsmitteln derart zugespitzt hatten, daß wieder wie früher einzelne Gewerbetreibende in Mailand eigene Noten (buoni al latore) ausgaben, so sah sich die Regierung veranlaßt, bis zur Herstellung eigener Noten dem 25-Lire-Schein ihrer 3 Notenbanken und ebenso den noch vorhandenen der früheren Nationalbank von Italien, der früheren Toskaner Nationalbank und der Toskaner Kreditbank vorübergehend die rechtliche Eigenschaft als Staatsnote zu verleihen. Dabei wurde jedoch ausdrücklich erklärt, daß es sich lediglich um eine vorübergehende Maßregel handle, da die Ausgabe eigener 25-Lire-Noten den drei Instituten auf Grund des Art. 7 des Gesetzes vom 10. August 1893 auf keinen Fall mehr zugebilligt werden dürfe.

Die Krisis im Geldwesen darf 1899 als überwunden betrachtet werden. Das geht unter anderem aus der im Dekret vom 16. November 1899[1]) abgegebenen Erklärung hervor, daß der ursprüngliche Staatsnotenbetrag von 400 Millionen Lire dem Bedürfnis des Zahlungsverkehrs wieder genüge, während die weiter ausgegebenen 200 Millionen Lire hauptsächlich als Deckung der eigenen Noten der 3 Institute Verwendung fänden, entsprechend der Inanspruchnahme der Goldbestände der Notenbanken durch den Staat.

Wir stellen also fest, der Staat entzog auf Grund des Dekretes vom 21. Februar 1894 seinen Notenbanken das gesetzlich als Notendeckung vorgeschriebene Gold und ersetzte das-

---

[1]) Ritenuto .... che tutti i 400 milioni in biglietti emessi debbono servire ai bisogni della circolazione mentre quei 200 milioni sarebbero stati conservati dagli istituti di emissione nelle rispettive riserve agli effetti della garanzia dei biglietti di banca e del cambio ai portatori.

selbe durch uneinlösbare Staatsnoten. Vielfach wurde dieser Vorgang als der Anfang vom Ende der ganzen Notenbankreform bezeichnet. Gewiß war es ein Akt der höchsten finanziellen Not des Staates — aber den ausländischen Anleihegläubigern gegenüber sollte doch die versprochene Einlösung der Rentencoupons in Goldgeld solange als möglich eingehalten werden!

Auf der anderen Seite erwuchs dem Staat hieraus seinen Notenbanken gegenüber die Verpflichtung, die an Stelle des Goldes denselben al pari aufgedrängten uneinlösbaren Staatsnoten bei künftiger Besserung der Staatsfinanzen wieder gegen Goldgeld al pari umzutauschen, eine Aufgabe, die ihre glückliche Lösung in der Goldrückerwerbungspolitik der italienischen Notenbanken für Rechnung des Staates gefunden hat.

§ 10. DIE REGULIERUNG DER DEVISENKURSE (EXODROMIE).

Die Annahme des französischen Frankensystems als Münzsystem seitens Italiens im Jahr 1862 war, abgesehen von politischen Einflüssen, in dem Glauben erfolgt, daß durch die technisch gleichartige Herstellung der goldenen und silbernen Kurantmünzen beider Länder (Homochartismus) erhebliche Schwankungen im italienisch-französischen Devisenkurse unmöglich, oder, wenn solche doch auftreten sollten, sich durch automatische Goldsendungen des einen Landes nach dem andern rasch ausgleichen würden.

Als dann mit dem Abschluß des lateinischen Münzbundes im Jahre 1865 die daran beteiligten Staaten noch einen Schritt weiter gingen und diesen technisch gleichartig hergestellten Kurantmünzen auch die rechtliche Eigenschaft verliehen, innerhalb des Bundesgebietes zu allen Zahlungen in beliebiger Höhe verwendet werden zu können, da hielt man eine andauernde erhebliche Entfernung der Devisenkurse der einzelnen Vertragsstaaten vom gemeinsamen im 20-Frankenstück verkörperten Münzpari als höchst unwahrscheinlich.

Aber schon wenige Monate nach Gründung des Münzbundes erwies sich diese Auffassung auf Grund der Währungsänderung Italiens vom 2. Mai 1866 als völlig haltlos. Da mit der Erklärung des Zwangskurses sämtliche Schuldverpflichtungen unter Privaten einschliesslich der vor dem 2. Mai 1866 eingegangenen Wechselverbindlichkeiten auf eine Anzahl von Werteinheiten zahlbar im bisherigen italienischen Währungsgeld, dem Goldgeld, durch Darbietung des neuen valutarischen Notengeldes getilgt werden durften, und alle diesbezüglichen Klagen auf Erfüllung in Metallgeld bis 1874 von den Gerichten abgewiesen wurden, so stellte die an den ausländischen Börsen gehandelte Devise Italien infolge der Währungsänderung ein Zahlungsversprechen des italienischen Wechselschuldners dar, zahlbar im neuen Währungsgelde, den uneinlösbaren Banknoten. Desgleichen mußte sich der Verkäufer von Devisen an den italienischen Börsen die Bezahlung des Kaufpreises in italienischen Noten anstatt wie bisher in Goldgeld oder Kurantmünzen des Bundes überhaupt gefallen lassen. Dementsprechend sprang z. B. der Preis der an der Börse zu Mailand gehandelten Devise Paris im Jahre 1866 von 99,85 im April auf 107,50 im Mai und auf 120,00 im Juli und ebenso der Preis der Devise London von 25,04 im April auf 26,70 im Mai und auf 29,70 im Juli, um von da an bis zur Einlösung der Konsortialnoten in Goldgeld im Jahre 1883 dauernd ungünstig für die italienische Volkswirtschaft zu bleiben.

In diesem Vorgang kann, wie wir früher auseinandersetzten, eine Verletzung des dem lateinischen Münzbunde zugrunde liegenden Vertrages in keiner Weise erblickt werden, da die Bestimmungen über die technisch gleichartige Herstellung der Gold- und Silbermünzen und ebenso über deren Behandlung als Bundesgeld seitens Italiens in keiner Weise angetastet wurden. Vielmehr handelte es sich hierbei um ein Vertauschen der funktionellen Stellung der italienischen Kurantgeldarten untereinander: bis 2. Mai 1866 war das Goldgeld in valutarischer Stellung und wurde von diesem Zeitpunkt an durch das neue Währungsgeld, die Banknoten, in akzessorische Stellung gedrängt. Da aber im lateinischen Münzbund eine Abmachung über den

Kernpunkt einer gemeinsamen Geldverfassung, nämlich über die gemeinsame valutarische Behandlung einer Kurantgeldart seitens der Vertragsstaaten völlig fehlte, so trat auch hier die bei anderen Münzvereinen beobachtete Tatsache klar zutage, daß durch Abschluß von Münzverträgen über technisch gleichartige Herstellung von Gold- und Silbermünzen und über deren einheitliche Annahme an den öffentlichen Kassen der Vertragsstaaten (gegenseitiger Synchartismus) ein dem Münzpari entsprechender intervalutarischer Kurs auf keinen Fall gewährleistet wird.

Zwar trug die 1883 begonnene Einlösung der Konsortialnoten in Goldgeld zur Besserung der intervalutarischen Kurse Italiens bei, aber daß durch die in den Verkehr gebrachten über 400 Millionen Lire Goldgeld eine dauernde Befestigung der italienischen Devise gegenüber den Goldwährungsländern, besonders gegen die Länder des lateinischen Münzbundes auf einer dem Münzpari entsprechenden Höhe erreicht worden wäre, war nicht der Fall. Im Gegenteil, die Devise Italien verschob sich alsbald wieder infolge der passiven Zahlungsbilanz zuungunsten der Halbinsel und hatte dadurch wesentlich zum raschen Abfluß des gelben Metalles nach den Ländern des Münzbundes und somit zum Zusammenbruch der ganzen Währungsreform im Jahre 1892 beigetragen.

Da bereits im November 1893 die Wechselkurse auf Paris 114,30, auf London 28,85 und auf Berlin die bedenkliche Höhe von 141,30 erreicht hatten, mußte Italien 1894, um einen völligen Abfluß des Goldes zu vermeiden, zu den bekannten Schutzmaßregeln greifen: die mit allgemeinem Annahmezwang ausgestatteten Staatsnoten wurden für uneinlösbar erklärt und die Notenbanken bei Einlösung ihrer eigenen Noten in Goldgeld nach dem Beispiele der Bank von Frankreich zum Abzug einer Goldprämie ermächtigt. Hierher gehört dann noch die Wiedereinführung des Affidavit, d. h. die Forderung einer eidesstattlichen Versicherung vom ausländischen Einlöser italienischer Rentencoupons, daß dieselben nicht von italienischen Staatsbürgern herrühren. Dies war nötig, da sonst italienische Bankgeschäfte, die in Italien erhaltenen Coupons der italienischen Rente an ausländische Geschäftsfreunde zur Bewirkung der Einlösung gesandt hätten, die seitens des Staates im Auslande in Gold bezw. in Kurantmünzen des Bundes erfolgte.

Seit 1894 war der Preis der Devise Italien im Ausland den heftigsten Schwankungen unterworfen und bildete damit ein Eldorado für die Devisenarbitrageure. So notierte z. B. kurze Sicht Italien an der Frankfurter Börse:

(pro 100 Lire)			Mark
24.	November	1897	76.85
24.	„	1898	74.25
24.	„	1899	76.30
24.	„	1900	76.85

Dieser Tiefstand der italienischen Valuta wurde allgemein als selbstverständliche Folge des Rückfalles Italiens in die sog. Papiergeldwirtschaft bezeichnet und eine Besserung erst mit einer künftigen Rückkehr zur Goldwährung prophezeit.

Und die Verwirklichung dieser Prophezeiung?

Italien mußte aus finanzpolitischen Gründen die vielgeschmähte Papiergeldwirtschaft beibehalten, und die Devise Italien wies bereits 1901 eine merkliche Besserung auf, erreichte 1902 den dem Münzpari gegenüber den wichtigsten Goldwährungsländern entsprechenden Kurs und hielt sich von da an mit den den Devisenkursen als Ausdruck des jeweiligen Standes der internationalen Zahlungsbilanz eines Landes natürlichen Schwankungen auf der dem Münzpari gegenüber den Goldwährungsländern entsprechenden Höhe, wie aus folgender Aufstellung der Kursbewegung der Devise Italien kurze Sicht an der Frankfurter Börse für den genannten Zeitabschnitt ersichtlich ist:

Es kosteten 100 Lire				Mark
am	23.	November	1901	79.20
„	29.	September	1902	80.92
„	24.	November	1902	81.22
„	31.	Januar	1903	81.42
„	30.	„	1904	81.25

			Mark
am	31. Januar	1905	81.30
„	31. „	1906	81.35
„	31. „	1908	81.35

In ähnlicher Weise vollzog sich die Besserung der intervalutarischen Kurse Italiens auch gegenüber Frankreich und England.

Italien, das neben Österreich von jeher das Schulbeispiel einer entgleisten Geldverfassung abgeben mußte, hatte also trotz seines valutarischen Papiergeldes das höchste Ziel jeder modernen Geldverfassung erreicht: Die Befestigung der Devisenkurse gegenüber den handelspolitisch wichtigen Goldwährungsländern auf einer dem Münzpari entsprechenden Höhe!

Der Vorgang war höchst auffällig, umsomehr, als alle Versuche, denselben mit einem Aufschwung der italienischen Industrie und Volkswirtschaft im weiteren Sinne in Zusammenhang zu bringen, an der chronisch gewordenen passiven Zahlungsbilanz des Landes scheiterte, und ebenso alle in ausländischen Börsenkreisen zur Erklärung verbreiteten Gerüchte über eine baldige Wiedereinführung einer Goldwährung sich als nicht stichhaltig erwiesen.

Zur Erklärung des Vorganges müssen wir uns die finanzielle Lage Italiens an den währungspolitisch kritischen Zeitabschnitten vor Augen halten. Als 1866 der Ausbruch der Feindseligkeiten gegen Österreich unvermeidlich schien, nahm die Regierung zur Beschaffung der zur Kriegführung unbedingt erforderlichen Mittel, die Goldbestände ihrer Notenbanken in Anspruch und verlieh den Noten der auf diese Weise eines Teiles ihrer Goldvorräte beraubten Institute als Entgeld Uneinlösbarkeit und allgemeinen Annahmezwang (Zwangskurs), unter gleichzeitiger Erteilung der Befugnis, die Notenausgabe um den dem Golddarlehen an die Regierung entsprechenden Betrag zu erhöhen. Wir haben früher gesehen, wie dieses System der nach und nach erfolgenden Inanspruchnahme der Goldbestände der Notenbanken durch den Staat unter jeweiliger entsprechender Erhöhung des Notenumlaufs der Institute zu jener eigenmächtigen und ungesetzlichen Erhöhung der Zirkulation führte, der vom Staate nach vielen vergeblichen Versuchen erst durch die im Konsortialgesetz von 1874 durchgeführte scharfe Trennung der für Rechnung des Staates und für eigene Rechnung der Notenbanken ausgegebenen Scheine ein Ende gemacht werden konnte.

In einer ähnlichen finanziellen Notlage befand sich die Regierung 1893/94, da der Zusammenbruch des Versuches zur Wiederherstellung der Goldwährung mit einer Passivität des Staatsschatzes von über 560 Millionen Lire zusammenfiel. Da die Regierung die gegenüber dem Ausland eingegangenen Verpflichtungen auf Einlösung der Rentencoupons in Goldgeld bezw. in Kurantmünzen des Bundes auf alle Fälle erfüllen wollte, und die Beschaffung der hierzu erforderlichen Mittel im Auslande wegen der mit der plötzlichen Erhöhung der Nachfrage Italiens nach ausländischen Zahlungsmitteln unvermeidlich verbundenen, gefürchteten sprunghaften Verschlechterung der Devisenkurse Italiens vermieden werden sollte, so griff der Staatsschatz auch diesmal wieder auf die im Gesetz über die Reform der Notenbanken ausdrücklich als Notendeckung bestimmte Goldreserve zurück und ersetzte die den Banken entzogenen Goldbestände in dem früher erörterten Umfange durch uneinlösbare Staatsnoten. Für den Augenblick war die Entnahme des zu Auslandszahlungen erforderlichen Goldgeldes aus den Goldreserven der Notenbanken für den Staat allerdings die billigste Art der Goldbeschaffung; dieselbe legte aber dem Staatsschatz die Verpflichtung auf, die den Emissions-Instituten als Ersatz des Goldes gegebenen Noten bei künftiger Besserung der Staatsfinanzen wieder al pari in Goldgeld einzulösen. Da aber eine weitere Inanspruchnahme der aus Gold bestehenden Notendeckung der Emissionsinstitute durch den Staat die 1893 begonnene Reform der Notenbanken völlig illusorisch gemacht hätte, so mußte die Regierung Mittel und Wege finden, sich das zur Erfüllung ihrer Auslandszahlungen erforderliche Goldgeld auf andere Weise zu beschaffen.

Wir gehen zu diesem Zweck auf die Bestimmungen über die Zahlung der Einfuhrzölle näher ein. Seit Gründung des

Königreichs hatte die Bezahlung dieser Zölle in Metallgeld zu erfolgen, entsprechend der im Münzgesetz vom 24. August 1862 für die einzelnen Münzarten vorgeschriebenen kritischen Annahmehöhe. Nachdem 1866 die Banknoten Zwangskurs erhalten hatten, wurde durch Dekret vom 14. Juli 1866 ausdrücklich diese Vorschrift aufrecht erhalten, doch geriet dieselbe bald in Vergessenheit. Ebenso wurden im Gesetz vom 7. April 1881 (über die Abschaffung des Zwangskurses) die Zollzahlungen in Metallgeld grundsätzlich weiter beibehalten, nur durften vorübergehend, d. h. bis zur völligen Einlösung in Metallgeld, auch Konsortialnoten hierzu benutzt werden. Mit der erneuten Erklärung des Zwangskurses der Staatsnoten im Jahre 1894 fand dann die uns hier vor allem interessierende Neuregelung der Zollzahlungen auf Grund der Dekrete vom 8. November 1893 und 28. März 1894 statt. Darnach können zunächst wie früher zur Zahlung der Einfuhrzölle alle gemünzten Zahlungsmittel, die in Italien Kassenkurs haben, in dem durch die Gesetze vorgeschriebenen Umfang benutzt werden. 1894 wurde diese Befugnis dann dahin erweitert, daß die Verwendung der silbernen Teilmünzen italienischen Gepräges bis zum Betrage von 100 Lire bei jeder Zahlung erlaubt wurde, um dadurch die erstrebte Rückwanderung dieser Münzen in die staatlichen Kassen zu erleichtern. Ferner wurde auch die Verwendung der Bank- und Staatsnoten zur Zahlung der Einfuhrzölle zugelassen, jedoch nur bis zum Betrage von 200 Lire und unter Abzug des jeweiligen Disagios der Noten gegenüber dem 20-Lire-Stück; endlich nahmen die Zollkassen die neuen Nickelmünzen nur als Bruchteile einer Lira in Zahlung.

Der Schwerpunkt der Neuregelung der Bezahlung der Einfuhrzölle lag jedoch in der Schaffung eines neuen Zollzahlungsmittels, sog. Zollzertifikate, die seitens der Zollkassen wie Metallgeld angenommen werden müssen.

Wer sich dieses neue Zollzahlungsmittel verschaffen will, wendet sich zu diesem Zweck an irgend eine Niederlassung einer der drei Notenbanken und nennt den Betrag des zu entrichtenden Zolles unter gleichzeitiger Beifügung desselben in

Form von Bank- oder Staatsnoten. Die Bank quittiert, durch Ausstellung eines den Namen des Antragstellers enthaltenden Zertifikates über den erhaltenen Betrag, händigt aber dasselbe erst nach Nachzahlung eines Aufgeldes aus, dessen Höhe der Differenz des für die Börsen zu Rom, Genua, Turin, Mailand, Florenz, Neapel und Venedig für den der Ausstellung des Zertifikates vorhergehenden Werktag festzustellenden Durchschnittskurses für ausländische Schecks gegenüber dem Disagio der Noten im Vergleich zum Goldgeld entspricht.

Durch die Ausstellung der Zollzertifikate seitens der Notenbanken sammelt sich in deren Kassen ein Teil der aus Einfuhrzöllen bestehenden Staatseinnahmen in Form von Bank- oder Staatsnoten an, und die Verwaltung dieser Staatseinnahmen erfolgt seitens der drei Institute auf Grund einer zwischen dem Minister des Schatzes und der Bank von Italien, der Bank von Neapel und der Bank von Sizilien abgeschlossenen Konvention, die im Dekret[1]) vom 11. Juli 1895 veröffentlicht wurde und die Grundlinien der exodromischen Verwaltung enthält.

Die Konvention hat zum Vertragsgegenstand die Ausführung von Zahlungen für Rechnung und auf Verlangen des Staatsschatzes im Ausland und zwar in Franken-, Pfund Sterling- und in Mark-Währung[2]), und die Regierung stellt die

---

[1]) Dekret vom 11. Juli 1895:

Che approva la convenzione fra il tesoro dello Stato e gli istituti di emissioni pel rilascio dei certificati nominativi utili al pagamento dei dazi doganali d'importazione.

[2]) Dasselbe, Art. 4:

Art. 4.

I versamenti potranno essere eseguiti all'estero, a richiesta del direttore generale del Tesoro, in franchi, in lire sterline ed in marchi.

Per questi due ultimi valori, la cessione al tesoro sarà fatta prendendo per base il prezzo del cambio su Londra o su Berlino, quotato, come è detto, due giorni prima di quello del versamento a Londra o a Berlino.

Ma per stabilire il ragguaglio in franchi, onde liquidare la perdita o il profitto risultanti dal movimento del conto corrente, la valutazione dei

Mittel zur Beschaffung der hierzu erforderlichen Devisen bezw. ausländischen Kontokorrent-Guthaben den Notenbanken eben durch die auf Grund der Ausstellung der Zollzertifikate bei denselben in Form von Bank- und Staatsnoten eingehenden Einfuhrzölle zur Verfügung.

Zur Ermöglichung der durch Ausstellung der Zollzertifikate zwischen den drei Banken und dem Staate nötig werdenden Verrechnung wurde zwischen den Emissionsinstituten und dem Staatsschatz ein verzinsliches Spezial-Kontokorrent eröffnet. In diesem Kontokorrent[1]) werden die Notenbanken mit den durch Ausstellung der Zertifikate in Form von Bank- oder Staatsnoten eingehenden Beträgen belastet, desgleichen mit dem der Höhe des hierbei erhobenen dem Disagio der Noten gegenüber dem Goldgelde entsprechenden Aufgeld.

In demselben Kontokorrent werden auf der anderen Seite den Notenbanken die im Auftrag des Staatsschatzes im Ausland in ausländischer Valuta zur Auszahlung gebrachten Beträge gutgeschrieben, nebst der beim Erwerb der betreffenden Devisen bezw. ausländischen Kontokorrent-Guthaben mittels italienischer Noten aus dem Disagio des italienischen Papiergeldes gegen-

---

detti due valori sarà fatta secondo la media dei due corsi segnati nel listino ufficiale della borsa di Parigi, per la carta breve, del giorno di valuta assegnato al versamento.

[1]) Dasselbe, Art. 3:

Art. 3.

Nel detto contocorrente gli istituti di emissione saranno addebitati delle somme riscosse in ciascun giorno per il rilascio dei certificati, tenendo distinte: la somma rappresentante il dazio d'importazione da pagare, e la somma corrisposta a titolo di cambio sull' amontare del certificato utile al pagamento del dazio. Nello stesso contocorrente gli istituto di emissione saranno accredidati: delle somme che verseranno all'estero ai corrispondenti del tesoro e per conto di questo; del prezzo del cambio pagato per operare all'estero il versamento delle somme medesime.

Il prezzo di acquisto delle divise per il passagio dei fondi all'estero dovrà risultare dalle distinte (bordereaux) o del cedente, o dell agente di cambio, o da quelle del'istituto di emissione, quando questo ceda fondi propri. Tali distinte saranno comunicate regolarmente dagl'istituti, come titolo giustificativo, alla direzione generale del tesoro.

über der entsprechenden ausländischen Valuta sich ergebenden Differenz.

Die auf Grund der Ausstellung der Zollzertifikate bei den Notenbanken sich ansammelnden Staatseinnahmen müssen die Banken dem Staate verzinsen. Die Höhe des Zinsfußes[1]) beträgt $1^1/_2$ %, solange der Diskontsatz der Bank von Frankreich oder derjenige der Deutschen Reichsbank 3% nicht übersteigt; sobald derselbe aber entweder von der Bank von Frankreich oder von der Deutschen Reichsbank bis zu 5% erhöht wird, erfolgt die Verzinsung des Guthabens mit 2%, und dieser Satz erfährt eine weitere Steigerung auf $2^1/_2$%, sobald eine der beiden großen ausländischen Notenbanken den Diskontsatz von 5% überschreitet. Ebenso verzinst der Staat den Notenbanken die im Auftrag des Staatsschatzes im Ausland ausgeführten Vergütungen und zwar unter Anwendung derselben Zinssätze.

Da die Verwendung der bei Ausstellung der Zollzertifikate erhaltenen Beträge von Bank- und Staatsnoten samt dem dabei erhobenen Aufgeld zum Ankauf von Devisen bei einer entsprechenden Veränderung der intervalutarischen Kurse Italiens nach oben oder unten den Banken entweder Gewinn oder

---

[1]) Dasselbe, Art. 9:

Art. 9.

Sulle somme riscosse per il rilascio dei certificati, corerrà a favore del tesoro, dal giorno feriale successivo a quello della riscossione, un interesse nella misura del $1^1/_2$%, fino a tanto che la ragione dello sconto della banca di Francia o di quella imperiale di Germania non eccederà il 3%. Quando il 3% sia superato, anche presso un solo di quei due istituti, l'interesse da computarsi sara del 2%, ed infine sara portato al $2^1/_2$%, quando lo sconto in Francia o in Germania superasse il 5%.

Uguale interesse correrà a favore degl'istituti di emissione, con valuta di due giorni feriali prima di quello in cui la somma verrà effettivamente versata al corrispondente del tesoro, se il versamento avrà per titolo giustificativo una distinta (bordereau) del'istituto di emissione. Se il titolo giustificativo sarà invece rappresentato da una distinta del cedente o dell'agente di cambio, la valuta correrà dalla data della distinta medesima, purchè questa data non sia anteriori di oltre due giorni a quella del versamento.

Verlust bringt, so teilen sich Staat und Notenbanken in die bei Ausführung obiger Transaktionen sich auf beiden Conti einstellenden Verluste und Gewinne zu gleichen Teilen [1]).

Über die auf Grund der Zollzertifikate seitens der einzelnen Niederlassungen der Notenbanken im Spezialkontokorrent vorzunehmenden Buchungen ist dem Staatsschatz alle 5 Tage eine geordnete Aufstellung einzureichen. Der Umfang der für Rechnung des Staatsschatzes im Ausland auszuführenden Vergütungen soll unter normalen Verhältnissen dem Betrage der monatlich bei den Notenbanken eingegangenen und verbuchten Einfuhrzölle entsprechen, und die Verwendung dieses Betrages zu exodromischen Zwecken darf auf keinen Fall über die ersten 10 Tage des nächstfolgenden Monats hinaus verzögert werden [2]).

Zwischen Notenbanken und Staat findet eine halbjährliche Abrechnung statt, zu welchem Zwecke die Banken der Generaldirektion des Schatzamtes die Auszüge aus den betr. Spezial-Kontokorrenten samt Gewinn- und Verlustrechnung zur Liquidation vorlegen [3]).

---

[1]) Dasselbe Art. 7:

Art. 7.

La differenza in lire italiane, a profitto o a perdita, fra il montare delle somme riscosse per la emissione dei certificati, e la spesa per acquisto dei versamenti all'estero, sarà attribuita, a credito o a debito, per metà al tesoro e per metà agl'istituti di emissione.

[2]) Dasselbe Art. 5, Art. 6:

Art. 5.

L'ammontare totale dei versamenti all'estero in franchi, o per somme raggualiate in franchi, dovra corrispondere perfettamente al montare complessivo della valuta, rappresentante il dazio d'importazione versato.

Art. 6.

Normalmente i versamenti all'estero, da parte degli istituti di emissione, corrisponderanno alle riscossioni fatte nel mese, e non potranno essere ritardati oltre i primi 10 giorni del mese succesivo.

[3]) Dasselbe Art. 10:

Art. 10.

La liquidazione dei conti corrente in capitale ed interesse, nonchè la regolarizzazione delle differenze a profitto o a perdita, di che all'art. 7, saranno fatte ogni semestre, a partire dal 1 gennajo e 1 luglio di ciascun anno.

Durch die Ausstellung der Zollzertifikate fließt also ein Teil der Staatseinnahmen in Form von Bank- oder Staatsnoten in die Kassen der Notenbanken, und der Staat verwendet diesen Teil seiner Einnahmen regelmäßig (monatlich) durch Vermittlung der Banken zum Ankauf von in Gold zahlbaren ausländischen Wechseln, Schatzscheinen und Kontokorrentguthaben, einmal, um damit an den großen Coupons-Einlösungsterminen seine im Ausland zahlbaren Verbindlichkeiten zu begleichen, dann aber auch, um sich das zur geplanten völligen Deckung seiner 600 Millionen Lire Staatsnoten erforderliche Goldgeld nach und nach aus dem Ausland zu verschaffen. Ebenso tilgt der Staat nach und nach die gegenüber den Emissionsinstituten durch Inanspruchnahme der als Notendeckung vorgesehenen Goldreserven gegen Aufdrängung uneinlösbarer Staatsnoten kontrahierte Schuld (s. S. 153—4).

Die gleiche Gold-Rückerwerbungs-Politik verfolgen die Notenbanken für eigene Rechnung, da dieselben auf Grund der 1893 bei der Reform der Notenbanken erlassenen gesetzlichen Bestimmungen zur allmählichen Beschaffung einer größtenteils aus Goldmünzen bestehenden Metallreserve als Notendeckung verpflichtet sind, und denen zu diesem Zwecke gestattet wurde, sowohl an der auf 40 % festgesetzten Notendeckung, als auch an der für die täglichen Verbindlichkeiten zu schaffenden Reserve in dem früher erörterten Umfange in Gold zahlbare ausländische Wechsel, Schatzscheine und Kontokorrent-Guthaben von genau vorgeschriebener Beschaffenheit teilnehmen zu lassen.

Zur Erleichterung dieser Goldrückerwerbungen mittels in Goldgeld oder Kurantmünzen des Bundes zahlbarer, direkt im Ausland erworbener und von den Notenbanken als Notendeckung verwandter Wechsel wurde die hierfür zu entrichtende Wechselstempel-Abgabe auf die Hälfte reduziert[1]. Die nur mit dem halben Betrag der Stempelsteuer zu besteuernden Wechsel erhalten bei der Vorlegung bei der Steuerbehörde

---

[1]) Dekret vom 28. März 1897.

folgenden Aufdruck: „Istituti di emissione: bollo a tassa ridotta" und werden dadurch von jeder anderen Verwendung außer als Notendeckung ausgeschlossen, d. h. verbleiben im Portefeuille der Notenbanken bis kurz vor Fälligkeit, um dann zum Einzug des in Goldgeld oder Kurantmünzen des Bundes zu leistenden Gegenwertes an die ausländischen Korrespondenten der Notenbanken versandt zu werden.

Aus dem Vorhergehenden ist ersichtlich, daß der italienische Staat einen Teil seiner Einnahmen den Notenbanken mit der Auflage zur Verfügung stellt, die für die großen staatlichen Zahlungstermine im Ausland erforderlichen Mittel zu beschaffen und bereit zu halten: Also Zahlungsbereitschaft für die großen Zahlungstermine!

Die Notenbanken, in Betracht kommt hauptsächlich die Bank von Italien, verschaffen sich die hierzu im Auslande in ausländischer Valuta erforderlichen Guthaben durch den Ankauf von Devisen und sind durch die sowohl seitens des Staates hierzu regelmäßig zur Verfügung gestellten beträchtlichen Mittel, als auch durch die als Notenbanken für eigene Rechnung zur Beschaffung der für die Notendeckung zugelassenen Golddevisen und Goldguthaben aufgewendeten Beträge wohl in der Lage, den italienischen Devisenmarkt gegenüber allen anderen an der Devisenarbitrage interessierten Privaten ausschlaggebend zu beherrschen.

Ebenso können die Notenbanken die an den großen kaufmännischen Zahlungsterminen sich in Italien geltend machende gesteigerte Nachfrage nach ausländischen Zahlungsmitteln auf Grund ihrer Devisenvorräte jederzeit befriedigen und damit eine Versteifung der Kurse der für den internationalen Zahlungsverkehr in Italien gerade besonders begehrten ausländischen Valuten verhindern. Die Emissionsinstitute sind also in der Lage, auf Grund der durch Verwendung von Staatsmitteln ermöglichten suveränen Beherrschung des italienischen Devisenmarktes in die Gestaltung der internationalen Zahlungsbilanz des Landes jederzeit einzugreifen, wenn dieselbe nach der einen oder anderen Seite hin aus pantopolischen Gründen für die Halbinsel besonders ungünstig zu werden droht.

Demnach üben die drei Banken unter Zuhülfenahme des börsenmäßigen Devisenhandels einen ausschlaggebenden Einfluß auf die Gestaltung der intervalutarischen Kurse Italiens aus, d. h. handhaben im Auftrag des Staates die exodromische Verwaltung.

Das hierbei vorschwebende Ziel gipfelte 1895 beim Abschluß der die Grundzüge der Regulierung der Devisenkurse enthaltenden Konvention in einer allmählichen Hebung der unter dem Einflusse des Zusammenbruches der Goldwährung und des 1894 für die Staatsnoten erneut erklärten Zwangskurses gesunkenen Devise Italien gegenüber den handelspolitisch wichtigen Goldwährungsländern Frankreich, England und Deutschland auf eine dem Münzpari des goldenen 20 Lire-Stückes gegenüber den erwähnten Goldwährungsländern, besonders Frankreich entsprechende Höhe.

Naturgemäß konnte die Wirkung dieser exodromischen Verwaltung der Notenbanken bei der zur praktischen Durchführbarkeit erforderlichen Anlage beziehungsweise Vergrößerung eines Netzes von Korrespondenten im Auslande zunächst nicht voll zur Geltung kommen.

Aber bereits 1901 erregte die unerwartete Besserung der intervalutarischen Kurse Italiens allgemeine Aufmerksamkeit und lieferte mit der Tatsache, daß 1902 der Kursstand der Devise Italien gegenüber Frankreich die dem Münzpari des goldenen Bundesgeldes entsprechende Höhe wieder dauernd erreichte und dem dadurch bedingten Verschwinden des synchartalen Agios des Goldgeldes in Italien den Beweis für den vollen Erfolg der auf eine Festlegung der Devisenkurse auf eine dem Münzpari gegenüber den handelspolitisch wichtigen Ländern entsprechende Höhe hinzielenden Devisenpolitik.

Daß das auch gegenüber Deutschland der Fall war, dürfte aus der auf Seite 158 mitgeteilten Kursnotiz der Devise Italien an der Frankfurter Börse hinreichend ersichtlich sein.

Damit sind wir bei dem heutigen Stande der Verfassung der italienischen Valuta angelangt.

Im Inlande zirkuliert ausschließlich unterwertiges, notales Geld: Scheidemünzen aus Bronze, Nickel und Silber, dann Kurantgeld in Form der ebenfalls unterwertigen 5 Lire- bezw. 5 Frankenstücke und endlich die reiche Fülle papyroplatischer Bank- und Staatsnoten nebst den in Form der Fedi di credito und der Polizze vorhandenen giralen Zahlungsmitteln. Das Goldgeld ist seit 1892 aus dem inländischen Zahlungsverkehr völlig verschwunden.

Währungsgeld im engeren Sinne sind zunächst die mit allgemeinem Annahmezwang ausgestatteten gesetzlich uneinlösbaren Staatsnoten, dann aber die Masse von Staats- und Banknoten, da die Banknoten seitens der Notenbanken nur gegen Abzug einer noch zur Abschreckung erhobenen Goldprämie in Goldgeld eingelöst werden, wovon daher in der Praxis auch kaum Gebrauch gemacht wird, zumal bei auftretendem Bedarf nach ausländischen Zahlungsmitteln die Notenbanken — auf Grund ihrer auf ausländische Valuta lautenden Kontokorrent-Guthaben im Ausland — jederzeit in der Lage sind, das gewünschte ausländische Zahlungsmittel durch Ausstellung von im Auslande in ausländischer Valuta zahlbaren Schecks, Kreditbriefen etc. vorteilhafter zur Verfügung zu stellen.

Italien hat also seit 1902 den Parigedanken des lat. Münzbundes verwirklicht und hat ebenso den Kurs der italienischen Papiervaluta im internationalen Verkehr besonders gegenüber den handelspolitisch für die Halbinsel wichtigen Goldwährungsländern auf die dem Geldpari des goldenen 20 Lirestückes entsprechende Höhe gehoben und darauf auch erhalten — ohne jede Barverfassung, lediglich mit dem Mittel der nach dem kaufmännischen Prinzip der stetigen Zahlungsbereitschaft gegenüber dem Ausland erfolgenden exodromischen Tätigkeit seiner Notenbanken.

SCHLUSS.

Der Ausbau der italienischen Einheitswährung auf Grund des Münzgesetzes vom Jahr 1862 war durch die politischen Ereignisse des Jahres 1866 unterbrochen worden. Die Regierung hatte zur Beschaffung der Mittel für den Krieg die Barbestände der damaligen Nationalbank für das Königreich in Anspruch nehmen und den Banknoten derselben als Entgelt Zwangskurs verleihen müssen.

Dadurch wurde das bisher valutarische Goldgeld durch mit Zwangskurs ausgestattete (valutarische) Banknoten ersetzt, und damit begann in Italien die Periode der Papiergeldwährung.

Da Italien dem 1865 gegründeten lateinischen Münzbunde beigetreten war, so machten sich auch sofort nach der Währungsänderung die nicht geahnten recht unangenehmen Wirkungen der dem Bunde zugrunde liegenden Synchartalverträge bemerkbar. Die goldenen 10- und 20-Lirestücke, der Silberscudo (5-Lirestück) und auch die silbernen Teilmünzen erhielten ein durch die denselben durch die Synchartalverträge innerhalb des Bundesgebietes verliehene rechtliche Stellung als Bundesgeld hervorgerufenes synchartales Agio und verschwanden rasch aus dem Zahlungsverkehr.

Dem entsprach das dem italienischen Notengelde, als nationalem Geld, anhaftende Disagio, dessen Höhe in der Hauptsache von dem Preise abhing, den man in italienischem Notengeld zur Erlangung der goldenen Kurantmünzen des Bundes über den Nennwert hinaus aufwenden mußte. Das kam dann in der oft sprunghaften Verschlechterung der intervalutarischen Kurse Italiens besonders der Devise Paris zum

Ausdruck, die z. B. an der Börse zu Mailand von 107 Lire im September auf 111,20 im Oktober und auf 113,50 Lire im Dezember 1867 emporschnellte.

Die Regierung stand diesen Erscheinungen ratlos gegenüber. Die Erklärung des Zwangskurses hatte ohne jede Vorbereitung erfolgen müssen, und es fehlte vor allem an der zur erfolgreichen Verwaltung einer Papiergeldwährung erforderlichen Erfahrung. Hierzu kam, daß die Notenbanken durch ihre eigenmächtige aber gewinnbringende Erhöhung des eigenen Notenumlaufes der Regierung die Herrschaft über die Verwaltung ihres Geldwesens in der Zeit von 1866 bis 1874 völlig entrissen hatten. Man ließ sich einfach durch die Tatsachen beherrschen, anstatt über denselben zu stehen.

Einen ersten Anlauf, die Herrschaft über das Geldwesen wieder an sich zu reißen, unternahm die Regierung dann durch Erlaß des Konsortialgesetzes vom Jahre 1874. Wenigstens wurde durch den Ersatz der bisher von den Notenbanken für Rechnung des Staates ausgegebenen eigenen Noten durch förmliche Konsortialnoten als neue Valuta die für eine Kontrolle über die Einhaltung der 1874 neu festgesetzten Höchstgrenze des Notenumlaufes der Banken unbedingt erforderliche scharfe Trennung zwischen eigenen Noten und für Rechnung des Staates ausgegebenen Noten erreicht.

Im übrigen hielt man damals als das einzige Mittel für das Eintreten normaler Zustände im Zahlungsverkehr die Rückkehr zu der 1866 im Ausbau unterbrochenen Goldwährung; denn mit der Einführung der Barverfassung des gemünzten Goldes sollten alle die im synchartalen Agio des Goldgeldes bezw. dem Disagio des Notengeldes und dem Tiefstand der intervalutarischen Kurse zutage getretenen unangenehmen Erscheinungen einer sich selbst überlassenen Papiergeldwährung mit einem Schlage verschwinden.

Wie sehr man sich hierin täuschte, hatte das Schicksal der 1883 in Angriff genommenen Einlösung von 600 Millionen Lire Konsortialnoten, davon über 400 Millionen Lire in Goldgeld, gezeigt.

Zwar trat die erwartete automatische Regelung der intervalutarischen Kurse Italiens gegenüber den Goldwährungsländern, besonders gegenüber Frankreich, mit der auf dem Wege der Einlösung der Konsortialnoten erfolgenden Verausgabung des Goldgeldes ein, aber das dauerte auch nur so lange, als das in den Zahlungsverkehr gebrachte Gold hierzu ausreichte; denn die automatische Regelung der intervalutarischen Kurse kam bei einer passiven Zahlungsbilanz der Halbinsel von zirka $1/2$ Milliarde Lire jährlich überwiegend in Sendungen italienischen Goldes nach dem Ausland zur Geltung, während der Rückfluß des Goldes eben infolge der Passivität der Zahlungsbilanz die Goldausfuhr bei weitem nicht erreichen konnte. Sobald daher der zur automatischen Regelung der Devisenkurse erforderliche Goldvorrat entsprechend der Abnahme des Betrages noch nicht eingelöster Konsortialnoten im Zahlungsverkehr zusammenschrumpfte, trat auch sofort die gefürchtete Verschlechterung der intervalutarischen Kurse Italiens wieder ein.

Das war, wie der italienisch-französische Wechselkurs zeigt, bereits 1889 der Fall und führte dann zur Einstellung der Noteneinlösung in Goldgeld in den Jahren 1892/94.

Das Jahr 1894 stellt den wichtigsten Abschnitt in der Währungsgeschichte Italiens dar. Es war das Sterbejahr der bisher nach metallistischen Grundsätzen erfolgenden Verwaltung des Geldwesens.

Wenn man in Italien bisher der Meinung war, daß das nach Wiederherstellung einer den münztechnischen Vorschriften des Münzbundes entsprechenden Goldwährung ex institutione sich ergebende Pari durch automatische Goldsendungen dauernd aufrecht erhalten werden könne, so hatte das klägliche Ende dieses Versuches die Gefährlichkeit einer automatischen Regelung des Geldparis für den volkswirtschaftlich schwächeren Staat gezeigt.

Daß jeder Versuch nach dieser Richtung hin bei dem Fortbestehen der Synchartalverträge des Münzbundes für Italien eine nutzlose Inanspruchnahme der Staatsfinanzen bedeutete, lag auf der Hand, und diese Erkenntnis wurde ausschlaggebend für die seit 1894 befolgte Währungspolitik.

Mit der erneuten Rückkehr zur valutarischen Behandlung des Papiergeldes im Jahr 1894 machte sich Italien die während des ersten Zwangskurses (1866—1883) gemachte Erfahrung zunutze, daß für den innerstaatlichen Zahlungsverkehr unterwertige (notale) Geldarten vollkommen genügen.

Von dem baren (hylogenisch-orthotypischen) Goldgeld war bereits 1894 kein Stück mehr im Verkehr; an dessen Stelle trat das papyroplatische Notengeld. Alle übrigen Geldarten, sowohl der Silberscudo als auch die Scheidemünzen aus Bronze, Nickel und Silber waren ebenfalls notal.

Da aber die für den täglichen Zahlungsverkehr wichtigen Silberteilmünzen ein (synchartales) Agio erhalten hatten und außer Landes geströmt waren, so wurden dieselben von Italien zurückgekauft und mit Zustimmung der Münzgenossen zunächst in nationale Münzen Italiens verwandelt und dann noch durch Ausfuhrverbot vor jeder weiteren Landflucht geschützt.

Zwar war durch diese Vorkehrungen der inländische Zahlungsverkehr gegen die im synchartalen Agio des Metallgeldes sich bemerkbar machenden unangenehmen Wirkungen der Synchartalverträge des Münzbundes geschützt, aber auf der anderen Seite konnte damit nicht verhindert werden, daß der Preis der italienischen Papiervaluta im internationalen Zahlungsverkehr den heftigsten Schwankungen unterworfen war entsprechend dem Preise, den man im nationalen italienischen Notengeld zur Erlangung der ausländischen Valuta aufwenden mußte, d. h. die intervalutarischen Kurse Italiens hatten sich seit 1892 auf Grund der Passivität der Zahlungsbilanz wieder wesentlich zuungunsten der Halbinsel verschoben.

Zur Beseitigung dieser im Disagio der italienischen Papiervaluta und dem Tiefstand der Devise Italien zum Ausdruck kommenden Schädigung der italienischen Volkswirtschaft, besonders des Zahlungsverkehrs mit dem Auslande, faßte daher Italien 1895 den Entschluß, seine Papiervaluta auch im internationalen Zahlungsverkehr auf die dem Münzpari des goldenen 20-Lirestückes entsprechende Höhe zu heben und darauf nach Möglichkeit zu erhalten, und zwar unter Zuhilfenahme der börsenmäßigen Regulierung der Devisenkurse durch Vermittelung der Notenbanken und unter Verwendung eines Teiles der aus Einfuhrzöllen herrührenden Staatseinnahmen.

Daß dieser Versuch, den Parigedanken des lateinischen Münzbundes zu verwirklichen und darüber hinaus den Kurs der italienischen Papiervaluta im internationalen Zahlungsverkehr überhaupt auf die dem Münzpari des goldenen Bundesgeldes entsprechende Höhe dauernd zu heben trotz des Fehlens einer Goldwährung völlig geglückt ist, dafür liefern sowohl der Stand als auch die Bewegung der intervalutarischen Kurse Italiens seit 1902 den besten Beweis.

Bereits bei der Besprechung des Finanzjahres 1906/07 konnte der Finanzminister Carcano der Kammer die erfreuliche Mitteilung machen, daß der Staatsschatz wieder über einen Betrag von über 400 Millionen Lire, davon über 300 Millionen Lire Goldgeld, verfüge, und daß bei der Fortdauer der günstigen Finanzlage des Staates weitere Goldrückerwerbungen aus dem Auslande durch Vermittlung der Notenbanken erfolgen sollten, um so die zu einer eventuellen künftigen Einlösung des ganzen Staatsnotenbetrages erforderliche Golddeckung nach und nach zu beschaffen.

Wir würden jedoch die Wiederholung des Versuches, das Goldgeld in valutarische Stellung zu bringen, bei dem Weiterbestehen der dem lateinischen Münzbunde zugrunde liegenden Synchartalverträge für eine zwecklose und nicht ungefährliche finanzielle Kraftprobe betrachten, zumal da Italien und ebenso Österreich auf Grund der Regulierung ihrer Devisenkurse den Beweis erbracht haben, daß das höchste Ziel jeder Geldverfassung, nämlich die Festlegung der intervalutarischen Kurse gegenüber den handelspolitisch wichtigen Ländern auf einer dem volkswirtschaftlich erwünschten Geldpari entsprechenden Höhe, auch ohne Barverfassung des Goldgeldes erreichbar ist.

DRUCKFEHLER-BERICHTIGUNG.

Seite 2, Zeile 11 v. u. lies Staatsgebotes statt Staatsgebot.
„ 36, „ 3 v. u. lies $^{3}/_{100\,000}$ Gramm statt $^{300}/_{1000}$ Gramm.
„ 36, „ 4 v. u. lies $^{6}/_{100\,000}$ Gramm statt $^{600}/_{1000}$ Gramm.
„ 92, „ 9 v. o. lies 1878 statt 1878.
„ 111, „ 13 v. o. lies Bologna statt Bolagna.
„ 123, „ 14 v. o. lies im statt in.

(Fortsetzung siehe 3. Seite des Umschlages.)

Abhandlungen aus dem staatswissenschaftlichen Seminar zu Strassburg
(Fortsetzung von der 2. Seite des Umschlages).

Heft XXII. **Mauer**, Dr. **Hermann**, *Das landschaftliche Kreditwesen Preussens.* Agrargeschichtlich und volkswirtschaftlich betrachtet. Ein Beitrag zur Geschichte der Bodenkreditpolitik des preußischen Staates. 8°. X, 206 S. 1907. M 5.50

„ *XXIII.* **Soltau**, Dr. **Otto**, *Die französischen Kolonialbanken.* 8°. XIII, 160 S. 1907. M 4.50

„ *XXIV.* **Blaum**, Dr. **Kurt**, *Das Geldwesen der Schweiz seit 1798.* 8°. IX, 176 S. 1908. M 4.50

„ *XXV.* **Scheffler**, Dr. **Johannes**, *Das Geldwesen der Vereinigten Staaten von Amerika im 19. Jahrhundert.* 8°. X, 123 S. 1908. M 3.50

„ *XXVI.* **Singer, Kurt**, *Die Motive der indischen Geldreform.* 8°. VIII, 114 S. 1910. M 3.—.

„ *XXVII.* **Frauz**, Dr. **Emil**, *Die Verfassung der staatlichen Zahlungsmittel Italiens seit 1861.* 8°. XI, 174 S. 1911. M 5.—

„ *XXVIII.* **Rühe**, Dr. **Fritz**, *Das Geldwesen Spaniens seit dem Jahre 1772.* 8°. ca. 18 Bogen. [Unter der Presse].

Darmstädter, P., Das Reichsgut in der Lombardei und Piemont (568—1250). Mit einer Karte und 2 Kartenskizzen im Text. 8°. XII, 369 S. 1896. M 10.—

Gothein, Eberhard (Prof. der Nat.-Oekonomie an der Universität Bonn), Wirtschaftsgeschichte des Schwarzwaldes und der angrenzenden Landschaften, hrsg. von der badischen histor. Kommission. I. Band: Städte- und Gewerbegeschichte. gr. 8°. XVI, 896 S. 1892. M 18.—

Herkner, Dr. Heinr., Die oberelsässische Baumwollindustrie und die deutsche Gewerbeordnung. Eine Erwiderung an meine Gegner. 8°. 59 S. 1887 M 1.20

Jolly, Julius, Recht und Sitte [in Indien] einschliesslich der einheimischen Litteratur (Grundriss der indo-arischen Philologie und Altertumskunde II. Band, 8. Heft). Lex.-8°. 160 S. und 6 S. Indices. 1896. M 8.30

Inhalt. 1. Die Quellen, 2. Familien- und Erbrecht, 3. Sachen- und Obligationenrecht, 4. Vergehen, Bussen und Strafen, 5. Das Gerichtsverfahren, 6. Sitten und Gebräuche — Wortindex, Sachindex.

Löning, Dr. Edgar, Geschichte des deutschen Kirchenrechts. I. Bd.: Einleitung, Kirchenrecht in Gallien von Constantin bis Chlodovech (XIX, 579 S.). II. Bd.: Das Kirchenrecht im Reiche der Merovinger. (XII, 758 S.). 8°. 1878. M 25.—

— — Die Verwaltung des Generalgouvernements im Elsaß. Ein Beitrag zur Geschichte des Völkerrechts. 8°. 265 S. 1874. M 5.—

Ludwig, Theodor, Die Konstanzer Geschichtschreibung bis zum XVIII. Jahrhundert. 8°. VIII, 271 S. 1894. M 6.—

— — Die deutschen Reichsstände nach dem Ausbruch der Revolutionskriege. 8°. XII, 216 S. 1898. M 5.50

Merkel, Adolf, Hinterlassene Fragmente und gesammelte Abhandlungen.
I. Teil, Fragmente zur Socialwissenschaft. Mit einem Bildnis des Verfassers in Heliogravüre. 8°. VIII, 355 S. 1898. M 9.—
II. Teil, Gesammelte Abhandlungen aus dem Gebiete der allgemeinen Rechtslehre und des Strafrechts. 1. und 2. Hälfte. 8°. IV, 895 S. 1899. M 23.—

Sartorius von Waltershausen, A. Frhr., Die Arbeits-Verfassung der englischen Kolonien in Nordamerika. 8°. XI u. 232 S. 1894. M 6.—

Schwander, Dr. Rudolf, Die Armenpolitik Frankreichs während der großen Revolution und die Weiterentwickelung der französischen Armengesetzgebung bis zur Gegenwart. 8°. XXII, 157 S. 1904. M 3.—

FSC
www.fsc.org
MIX
Papier | Fördert gute Waldnutzung
FSC® C083411

Kolibri 360 GmbH
Ferdinand-Jühlke-Straße 7
99095 Erfurt, Deutschland
produktsicherheit@kolibri360.de